**잃어버린
영어를
찾아서**

잃어버린 영어를 찾아서

발행일	2019년 7월 5일

지은이	박재현		
펴낸이	손형국		
펴낸곳	(주)북랩		
편집인	선일영	편집	오경진, 강대건, 최승헌, 최예은, 김경무
디자인	이현수, 김민하, 한수희, 김윤주, 허지혜	제작	박기성, 황동현, 구성우, 장홍석
마케팅	김회란, 박진관, 조하라		
출판등록	2004. 12. 1(제2012-000051호)		
주소	서울시 금천구 가산디지털 1로 168, 우림라이온스밸리 B동 B113, 114호		
홈페이지	www.book.co.kr		
전화번호	(02)2026-5777	팩스	(02)2026-5747

ISBN	979-11-6299-768-0 03740 (종이책)	979-11-6299-769-7 05740 (전자책)

이 도서의 국립중앙도서관 출판예정도서목록(CIP)은 서지정보유통지원시스템 홈페이지(http://seoji.nl.go.kr)와 국가자료공동목록시스템(http://www.nl.go.kr/kolisnet)에서 이용하실 수 있습니다. (CIP제어번호: CIP2019025197)

(주)북랩 성공출판의 파트너

북랩 홈페이지와 패밀리 사이트에서 다양한 출판 솔루션을 만나 보세요!

홈페이지 book.co.kr • **블로그** blog.naver.com/essaybook • **원고모집** book@book.co.kr

하버드대 유학생이 알려 주는 **초간단** 영어 공부법

잃어버린
영어를
찾아서

박재현 지음

ENGLISH

북랩 book Lab

언제부터인가 자주 듣는 질문이 있습니다.

"재현 씨, 영어 잘하려면 어떻게 해야 해요?"

참으로 난해한 질문이 아닐 수 없습니다.

저는 영어를 초등학교 때 처음 접한 후 비교적 자연스럽게 터득한 터라 학습법에 대해서는 딱히 생각해 본 적이 없기 때문입니다.

게다가 저에게 물어보시는 분들의 연령대와 영어 경험은 천차만별입니다.

그래서 가장 무난한 답변을 드리곤 했습니다.

"단…단어 많이 외우시고요…. 미국 드라마도 많이 보시고요…."

그러면 실망감 가득한 표정이 돌아오곤 했습니다.

"아…. 결국 단어군요. 그리고 미드(미국 드라마)는 자막 없이 너무 힘들 던데…."

특히 제가 하버드 대학교에 다닌다는 사실을 아는 분이시라면 그 실망감이 더욱 커 보였습니다. 뭔가 하버드생답게 획기적이고 명쾌한 공부법을 기대하셨나 봅니다.

"결국 유학이나 가야 하는구나…" 한숨 섞인 목소리도 들렸습니다.

그래서 미안한 마음이 들기도 했습니다.

다행히 미안함을 만회할 기회가 찾아왔습니다.

바로 2년 전에 군 복무를 위해 한국에 귀국하고 나서입니다.

성남에 있는 검찰청에서 사회 복무를 하면서, 제게도 영어를 가르칠 기회가 생겼습니다. 우연한 기회로 시작한 영어 동호회를 복무 시작부터 끝까지 함께했습니다.

그리고 생전 처음으로 영어에 관해 연구하게 되었습니다. 대학에서 경제학을 전공하는 제가, 대치동 스타 영어 강사도 아닌 제가 굳이 영어를 가르치고 연구한 이유는 딱 하나, 재미를 느꼈기 때문입니다.

유학이나 해외 생활을 하지 않은 한국인들에게 영어를 최대한 쉽게 가르친다는 것은 어렵지만 재밌는 도전이었습니다.

2년간 수업을 지도하면서 강사로서 느낀 자부심도 큽니다. 학생분들의 영어 실력이 나날이 좋아지고 스피킹과 작문에도 자신감을 서서히 가지는 모습을 보면서 뿌듯했습니다.

물론 시행착오도 상당했습니다. 처음엔 명확한 교수법 없이 이것저것을 시도했습니다.

영어 문장을 어떻게 읽을지 고민하면서 문장을 반으로 쪼개기도 하고, 더하고, 빼고, 나무 형식으로 단어들을 재배치하는 등 난리도 아니었습니다.

혹시나 언어학에 실마리가 담겨 있지 않을까 하는 마음에 놈 촘스키 (Noam Chomsky)의 서적을 펼쳤습니다. 세계적으로 저명한 언어학자이고 영어 문법에 대해서 많이 연구하신지라 어느 정도 기대를 했습니다. 그러나 '넘사벽'인 난이도를 체감하고 재빨리 포기했습니다. 언어학을 잘하는 것과 영어를 잘 가르치는 것은 완전 별개의 문제였습니다!

잘나간다는 국내외 영어 관련 서적들도 참고했습니다. 단기간에 영어를 정복하다시피 하신 분들의 이야기에 크게 감동했습니다. 그러나 한편으로는 '우리 학생들도 저렇게 공부할 수 있을까?' 하는 의구심도 있었습니다.

그래서 맨땅에 헤딩하는 식으로 계속 연구했습니다. 또한, 제가 항상 다양한 시각으로 세상을 볼 수 있게 도와주신 멘토님에게 조언도 많이 구했습니다.

멘토님 또한 영어를 수십 년간 배웠어도 부족함을 느끼고 계셔서 많은 토론을 통해 이 책이 나아가야 할 방향을 정립하는 데 큰 도움이 되었습니다.

그리고 기존 문법을 대폭 간소화한 공부법을 개발했습니다. 그 방식은 획기적인 만큼이나 기존의 문법 틀을 상당히 벗어나 있습니다. 한바탕 문법적인 논쟁에 휘말릴지도 모르겠습니다. 그러나 확실한 것은 공부법이야 어찌 됐든 영어에 투자한 시간 대비 실력이 늘면 성공이라는 것입니다.

일단 시도해 보시고 욕하셔도 괜찮습니다. 괴테가『파우스트』에서 말한 것처럼, 세상의 모든 이론은 회색이고, 영원한 것은 실천해 보는 것입니다.

제가 2년 동안 연구한 공부법을 이 책을 통해서 소개해 드리고, 여기에 제 이야기도 덧붙여 말씀드리고자 합니다.

초등학교 3학년, 알파벳을 거우 떼고 북경에 있는 국제 학교에 가서 저는 간단한 의사소통마저 힘에 부쳤습니다.

그때 언어라는 장벽에 부딪힌 아픈 추억은 아직도 생생합니다. 어린 나이에 심적 고통이 상당했습니다.

단어만 들어도 고개를 갸우뚱하게 되고 특히 원어민 선생님이 빨리 이야기하면 머릿속이 하얘졌습니다. 또 생각한 것을 바로바로 끄집어낼 수 없어서 느끼는 숨 막히는 답답함은 고통스러웠습니다.

중학교에 들어가고 나서부터는 설상가상으로 영어 공인 시험인 토플(TOEFL)을 준비했습니다. 학원에서 모의고사를 보았는데 성적이 또래 아이들보다 너무나 저조했습니다. 영어는 포기해야 하나 싶을 정도로 좌절했습니다.

그런 제가 영어에 꽂히게 된 결정적인 계기가 있습니다. 바로 영어 스피치입니다.

호기심에 참석한 스피치 대회에서 저는 실로 다양한 영어 표현들을 접했습니다. 세련되고 우아한 표현, 단순하고 저돌적인 표현까지 참가자들의 화려한 무대를 보았습니다. 비록 저는 본선에서 바로 탈락했지만, 깊은 감명을 받아 다시 도전해 보기로 다짐했습니다.
어떻게 해서든 제 영어의 폭을 넓히고 말을 잘하고 싶었습니다. 그래서 저 또한 무대의 주인공이 되고 싶었습니다.

수 년간 거의 매일같이 다양한 연설문과 스피치 영상들을 참고하면서 여러 표현과 주제들을 숙지했습니다. 그러다 보니 자신감이 붙기 시작하고 자연스럽게 주제별 표현들을 끄집어낼 수 있게 되었습니다.

대회에서 좋은 성과를 거두기 시작했습니다. 그러나 '영어 좀 하는 아이들'과 저를 더욱 차별화하고 싶었습니다. 그래서 한국에 관한 이야기들과 희극적인 요소들을 가미해 저만의 스피치 스타일을 완성했습니다.
오랜 노력의 결과였는지, 저는 2014년에 개최된 영국 왕실에서 후원하는 국제 영어 스피치 대회에서 한국 대표로 나가 우승하였습니다.

대학에 진학해서도 저만의 스피치 스타일을 가지고 수업에 참여하고 발표하며 토크를 진행했습니다. 그 덕에 여러모로 좋은 성과를 거두기도 했습니다.

결과적으로 저는 스피치를 통해 영어도 배우고 지식도 쌓는 두 마리 토끼를 잡을 수 있었습니다. 그래서 먼저 방황했던 제가 영어 스피치를 통해 국제 스피치 대회의 정상까지 갈 수 있었던 이야기를 1부에서 여러분과 공유하고자 합니다.

이어서 책의 2부에서는 제가 근 2년 동안 영어를 가르치고 연구한 것을 토대로 새로운 공부법을 제안합니다. 이때 저는 세 가지 원칙에 입각해서 진행하고자 합니다.

첫째, 우리 한국인 모두의 마음에 와닿고 영어에 몰입할 수 있는 새로운 프레임을 제시하고자 했습니다.

둘째, 필자의 프레임이 독자 여러분에게 단단히 내면화될 수 있도록 구성하였습니다.

셋째, 복잡한 규칙과 특수 사례들을 백과사전식으로 나열하는 대신에,

영어의 한 문장부터 시작하여 영어 에세이와 스피치까지 관통하는 **해법**을 모색하였습니다.

책은 1부와 2부를 합쳐서 총 48개의 유닛으로 구성되어 있으며 다양한 예문들을 준비했습니다. 이를 통해 독자 여러분께서 영어에 대한 탄탄한 프레임으로 무장하고 나날이 도약하는 경험을 겪으시길 바랍니다.

자, 이제 우리의 잃어버린 영어를 찾으러 즐거운 여정을 떠나고자 합니다. 신바람 나게 영어 공부를 다시 시작해 봅시다.

2019년 6월

박재현

C·O·N·T·E·N·T·S

PART 1. 이렇게 공부했어요. 같이 해 보실래요?

Chapter 1. 영단어 학습법

Chapter 2. 자신만만 영어 스피치

PART 2. 새로운 프레임의 제안: 이 방법은 어떨까요?

Chapter 4. 영어를 바라보는 새로운 프레임

Chapter 1.

영단어 학습법

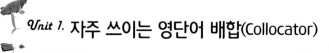Unit 1. 자주 쓰이는 영단어 배합(Collocator)

시중에서 판매되는 단어장들은 흔히 알파벳 순서나 주제별로 정리되어 있습니다. 그러나 아무리 외우려 해도 짜증 나기 십상입니다. 뇌의 에너지만 금방 소진되고, 당장 단어를 외워도 시험을 보고 나면 까먹기 마련입니다.

짐작하셨겠지만, 영어에서의 핵심은 '단어'입니다. 머릿속의 단어장이 절대적으로 충실해야 말이 트이고 이해하게 됩니다.

저는 자주 쓰이는 단어 짝짓기와 어원으로 영단어들을 자연스럽게 습득하는 방식을 제안합니다.

'단어 짝짓기(Collocator)'라는 명칭이 친숙하지 않을 수도 있습니다.

사실 이 단어 짝짓기라고 하는 말 자체에 우리가 왜 그토록 숙어를 어려워했는지에 대한 실마리가 있습니다.

영단어를 짝짓기한다는 것은 주로 한 개의 동사를 동사구로 바꾸는 작업을 말합니다. 즉, 동사가 있으면 부사 같은 다른 품사와 함께 조합해서 기존 동사의 의미를 넘어서는 새로운 의미를 창출하는 것입니다.

이때 한 단어는 다른 단어와 반드시 같이 고정됩니다. '1+1'을 떠올려 봅시다.

예를 들어, give는 up이라는 전치사와 같이 배합되어 'give up(포기하다)'이 되고, take는 off라는 전치사와 같이 고정되어서 'take off(이륙하다)'라는 새로운 의미를 창출해냅니다.

이러한 단어 짝짓기를 기반으로 하면 영어에서 생생한 표현을 구사할 수 있습니다.

여기서 생생하다는 것은,
첫째, 원어민들 사이에서 자주 통용되는 표현,
둘째, 짧고 간결한 표현,
셋째, 맥락에 가장 알맞은 표현을 의미합니다.

'Co-Locate'는, '같이 위치하다'라는 뜻이라서 가장 많이 자연스럽게 사용되는 단어의 조합 또는 짝을 뜻합니다.

동사뿐만 아니라 명사와 형용사에도 적용할 수 있습니다.

예를 들면, 향이 강한 차를 'strong tea'라고 합니다. 'powerful tea'라고 하면 어감이 매우 안 좋습니다.

원어민들은 어릴 때부터 이런 단어 짝짓기들이 몸에 배었지만, 영어가 모국어가 아니라면 알기가 매우 어렵습니다.

또 다른 표현으로는 'ask out'이라는 표현이 있습니다. '데이트 신청을 하다'라는 뜻인데, ask는 물어보다, out은 밖이라는 뜻이니 둘이 합쳐져서 데이트를 신청한다는 표현이 나온 것입니다.

이렇게 형용사와 명사, 아니면 동사와 부사 또는 동사와 전치사의 배합들을 완전히 숙지해야 합니다.

Unit 2. 영어 배합의 6가지 유형

'단어 짝짓기(Collocator)'는 다음과 같이 총 6가지의 유형을 따릅니다.

1) 형용사+명사

'비가 많이 온다'를 영어로 어떻게 표현할까요? 수량을 나타내는 'a lot of'를 써서 'a lot of rain'으로 표현해도 좋고, 'heavy rain'이라고 주로 표현합니다. 'strong rain'까지도 어느 정도 쓰입니다. 그러나 여기서 'powerful rain'은 어떨까요? 강력한 물줄기라는 한국어 표현을 직역했음에도 원어민이 듣기엔 부자연스러워 보입니다. 'powerful storm', 즉 강력한 태풍이라고는 해도 강력한 비라고 잘 표현하지는 않기 때문이죠. 이처럼 번역을 할 때는 영어에서 통용되는 짝을 찾아야 합니다.

예

- artificial intelligence(인공 지능)
- big deal(중요한 의미, 사건 또는 인물)
- contemporary issue(현대사회 문제)

- global economy(세계 경제)

- heavy burden(무거운 짐)

- new era(새로운 시대)

- strategic partner(전략적 파트너)

- tough job(고된 일)

- good health(양호한 건강)

- authentic experience(진짜 경험)

- facial recognition(안면 인식)

2) 명사+명사

형용사 대신 명사와 또 다른 명사가 만나 새로운 의미를 가져올 수도 있습니다.

예

- Investor psychology(투자자 심리)

- Trade talks(무역 분쟁 협상)

- Market access(시장 접근)

- Currency manipulation(환율 조작)

- 10-hour flight(10시간 동안의 비행)

- Decision making(의사결정)

- Media coverage(언론 보도)

3) 동사+명사

우리가 "시간을 죽이다."라고 하듯이 미국에서도 "kill time."이라고 합니다. 하지만 kill의 유의어인 "murder time."이라고 하면 굉장히 의아해할 것입니다.

- Convince people(사람들에게 믿음을 주다)
- Misleading people(사람들을 호도하다)
- Waste time(시간을 낭비하다)
- Hold views(시각을 유지하다)
- Change the world(세상을 바꾸다)
- Motivate the behavior(행동을 격려하다)
- Miss opportunity(기회를 놓치다)
- Invent technology(기술을 개발하다)

4) 부사+형용사

이건 흔치 않은 배합인데, 부자연스러운 부사를 피하도록 합니다.

예

- "매우 아름답다."를 표현하자면 'very beautiful', 'really beautiful', 심지어 'extraordinarily beautiful'까지로도 표현이 가능지만, 'hugely beautiful'이라고 하면 상당히 부적절합니다.

5) 동사+부사

부사 선택도 중요합니다.

예

- "그는 아름답게 웃었다."는 대부분 "He smiled beautifully."로 표현하지만, "He smiled extraordinarily."라고 표현하는 경우는 드물죠. 보시다시피 부사를 단순 동의어로 대체할 수 없습니다.

과장이나 정도를 부각하는 부사가 있다고 해서 모든 동사에 가져다 붙이는 것은 안 됩니다.

예

- Get better(호전되다)
- Get tough(강경하게 대응하다)
- Live fully(완전하게 살다)

6) 동사+전치사

Collocation의 하이라이트이자 많은 사람이 가장 헷갈리는 부분이기도 합니다.

예

- "소년들을 지적하다."는 "Picked in the boys."일까요, "Picked on the boys."일까요?

헷갈릴 수 있습니다. On과 In 둘 다 방향을 설정해 주는 역할을 수행하는 것 같습니다.

하지만 후자가 맞습니다. 'Picked on(동사+전치사)'이라는 표현은 '지적하다'라는 표현으로 많이 쓰입니다.

예

- "간만에 친구를 마트에서 우연히 봤다."는 "I ran into my friend."일까요, "I ran onto my friend."일까요? 이것 역시 많이 헷갈리는 예입니다.

얼핏 보면 into는 어떠한 상태나 사물로 들어감을 뜻하니 onto가 더 자연스러워 보입니다.

그러나 답은 전자입니다. 'ran into~'는 '우연히 만나다'라는 뜻입니다. 그렇다면 'ran onto'는 잘못된 표현일까요? 그건 아닙니다.

다만 '누구와 물리적으로 부딪친다'라는 뜻이 있으니 "I ran onto my friend."는 내가 친구를 향해서 넘어진 것이나 다름없습니다. 그래서 뉘앙스의 차이가 크게 납니다.

이외에도 Collocator의 예는 무수하게 많습니다. 위키피디아에만 가도 많은 목록을 조회해 볼 수 있습니다.

'up'이란 전치사의 활용 예로 'add up(더하다)', 'bring up(언급하다)', 'look up(위를 보다)'이 있는데 여기에 'to'나 'against'를 추가하면 뜻이 한층 더 달라집니다.

'Add up to(~로 결산되다, 귀결되다)', 'bring up against(~삼아 공격하다)', 'look up to(~를 존경하다)' 등 다양한 뉘앙스로 영어를 표현할 수 있습니다.

여러 가지 경우의 수가 존재하겠지만, 동사와 전치사 혹은 부사의 배합을 살펴봅시다. phrasal verb(구동사)라고도 합니다.

여기서 전치사는 동사의 방향성을 설정하고 확정하는 역할을 수행하고 있습니다.

'Up' 그리고 'Down'의 예를 통해 살펴봅시다.

※ Speak up(크게 말하다, 옹호하다, 거리낌 없이 발언하다)

예문

- "Please speak up(더 크게 말해 주세요)."

- "Speak up for the victims(피해자들을 위해 발언해 주세요)."

※ Act up(대들다, 까불다)

예문

- "You children should stop acting up(너희 꼬마들은 그만 까불어)!"

※ Rise up(일어나다)

예문

- "The people will rise up(분노한 국민이 일어날 것이다)."

※ Blow up(터지다)

예문

- "The terrorists tried to blow up the station[테러리스트들이 역사(驛舍)를 폭파하려 고 했다]."

※ Calm down(진정하다)

예문

- "Please calm down(그만 진정해 주세요)!"

※ Hold down(억제하다)

예문

- "Hold the noise down(소음을 좀 낮춰)!"

'On', 'Off'의 예를 통해서 살펴봅시다.

예문

- "Get on the taxi."
- "Get off the bus."
- "Turn on the switch."
- "Turn off the bedroom lights."

'Over'로 살펴볼까요?

예문

- "Get over your broken heart(낙심하지 말고 잊어버려)."
- "Please go over my homework(제 숙제를 첨삭해 주세요)."

이처럼 Collocator는 활용도가 어마어마합니다.

분명 관용구는 아닙니다. 사람들이 의식적이거나 무의식적으로 주어진 맥락에 맞게 반사적으로 얘기하는 단어들의 조합인데, 이것이 바로 원어민들이 쓰는 영어입니다.

　그렇다년 어디서 이런 영어 배합들의 목록을 볼 수 있을까요? 옥스퍼드 영영사전(Oxford Learner's Dictionaries)을 참고하시면 됩니다. 해당 웹사이트[1]에 들어가셔서 단어를 조회하신 후에, Oxford Collocations Dictionary를 펼치면 몇 가지 배합들이 등장합니다.

　아예 Oxford Collocations Dictionary만 따로 구독하는 것도 좋은 방법입니다. 웹사이트에서 간편한 등록 절차를 거친 후 유료 구독을 신청해야 합니다. 1년 구독료가 한화로 6,000원 정도인데, 충분히 값어치를 한다고 생각합니다. 모든 단어에 대해서 방대한 배합 목록과 예문들을 학습할 수 있습니다. 예컨대 'dream'이라는 단어 하나를 기반으로 수십 가지 짝들을 같이 학습할 수 있는 효과를 누릴 수 있습니다.

　영어를 배우는 데는 아무래도 한영사전보다는 영영사전이 좋다고 봅니다. 대표적인 의미들과 활용법을 원어민의 관점에서 수록하고 있기 때문입니다. 그중에서도 실용도가 높은 단어 짝짓기들만 집중해서 공략하셔도 시간을 많이 절감하실 겁니다.

---

1)　https://www.oxfordlearnersdictionaries.com/

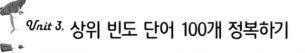

Unit 3. 상위 빈도 단어 100개 정복하기

자주 쓰이는 빈도로 볼 때 상위 100개의 단어가 전체 어휘의 50%를 차지합니다.

영어는 사어(死語, 사용되지 않는 단어), 학술어를 제외하고 가용하는 단어만 약 30만 개라고 하니 50%는 엄청난 비중입니다.

그럼 가장 빈도가 높은 단어들은 뭘까요?

다름 아닌 'the', 'of', 'and', 'to'와 같은 관사, 전치사, 접속사입니다. 독자 여러분들도 아시는 단어들입니다.

핵심은 이렇습니다. 그동안의 수많은 연구 결과에 의하면, 상위 1,000개의 단어만 잘 알아도 영어 전체 어휘의 73%를 숙달할 수 있다고 합니다.

그리고 이 상위 빈도 단어들은 서로 연관성이 높습니다. 그래서 하나의 주어진 단어가 있으면, 가장 확률적으로 연관성이 높은 단어들 3개에서 5개 정도만 알아도 유창하게 표현할 수 있습니다.

그럼 어떻게 학습할까요? 토플이나 토익같이 특수한 시험 과목을 준비하고 있다면 기출 단어집을 보는 게 효과적일 것입니다.

하지만 그런 목적이 아니라면 시중에 있는 무수한 단어장보다는 정말 자주 쓰이는 단어들 위주로 철저하게 학습합시다.

인터넷에서 무료 데이터베이스를 활용해 상위 빈도 단어 100개를 추려 봤습니다.

<상위 빈도 단어 100개>²⁾

1. the	21. but	41. make	61. just	81. first
2. be	22. we	42. about	62. see	82. also
3. and	23. his	43. know	63. him	83. new
4. of	24. from	44. will	64. your	84. because
5. a	25. not	45. up	65. come	85. day
6. in	26. by	46. one	66. could	86. more
7. to	27. she	47. time	67. now	87. use
8. have	28. or	48. there	68. than	88. no
9. it	29. as	49. year	69. like	89. man
10. I	30. what	50. so	70. other	90. find
11. that	31. go	51. think	71. how	91. here
12. for	32. their	52. when	72. then	92. thing
13. you	33. can	53. which	73. its	93. give
14. he	34. who	54. them	74. our	94. many
15. with	35. get	55. some	75. two	95. well
16. on	36. if	56. me	76. more	96. only
17. do	37. would	57. people	77. these	97. those
18. say	38. her	58. take	78. want	98. tell
19. this	39. all	59. out	79. way	99. one
20. at	40. my	60. into	80. look	100. very

---

2) 출처: https://wordfrequency.info

Unit 4. 덩어리로 쪼개는 단어 암기법

예를 들어, 'disown'이라는 단어가 있습니다.

얼핏 보면 뭔지 모르겠죠?

그동안 여러분은 단어를 하나의 이미지로만 기억하려고 했기 때문에 실패한 것입니다.

그러나 두 개의 덩어리로 끊어볼까요? Dis+own이 됩니다.

Dis는 disagree, disadvantage, displace와 같이 부정적인 의미를 내포하고 있습니다.

그리고 own은 '소유하다'라는 뜻으로 동사 혹은 '자신의'라는 의미로 쓰이는 형용사입니다.

Disown은 '관계를 끊다', '버리다'라는 뜻입니다. 아버지가 아들과의 연을 끊으면 'the father disowned his son'이 됩니다.

이번엔 접미사를 살펴봅시다. 'fy'가 나오면 단어를 동사로 만들어 줍니다. Humid(습하다)의 동사는 humidify(습기 차게 만들다)입니다.

'-ture'가 접미사로 등장할 때도 있습니다. 이건 Old French가 어원인데 어떤 기구나 단체를 뜻합니다. 그래서 structure도 어떤 구조를 뜻합니다.

'-esque'가 접미사로 나오면 이건 영어의 '-ish'와 뜻이 매우 흡사한데, 어떤 스타일을 부각시킵니다. Picture(그림)에 이 접미사를 붙이면 예술적인 표현이 탄생합니다. Picturesque. '그림 같다'라는 뜻입니다. 아름다운 단어이죠?

중요한 어근(語根)도 몇 가지 짚어 봅시다. 이러한 어근들은 활용가치가 상당히 높습니다. 우리 인간의 기본적인 행위를 묘사한 어근들이 있습니다.

※ spect: 보다(look)
예 spectacle(구경거리), inspect(점검하다), prospect(전망)

※ scribe: 쓰다(write)
예 manuscript(원고), describe(묘사하다), scripture(경전)

※ dict: 말하다(speak)
예 contradict(반박하다), verdict(판결) dictate(받아쓰게 하다, 명령하다)

※ nounce: 말하다(speak)

예 pronounce(발음하다), announce(발표하다), renounce(포기를 선언하다),
denounce(규탄하다)

※ cede: 가다(go)

예 exceed(기준을 넘다, 초월하다), precede(앞서다, 선행하다),
recede(물러나다, 멀어지다)

※ mit: 보내다(send)

예 transmit(전송하다), emit(내보내다),

※ ject: 던지다(throw)

예 inject(주입하다), eject(내보내다), reject(거절하다)

※ port: 나르다(carry)

예 import(수입하다), export(수출하다), transport(수송하다)

이렇듯 하나의 단어를 쪼개어서 분석해 봅니다.

한 개의 단어를 하나의 이미지로 연상하는 방법도 있습니다. 하지만 그
보다는 그 구성 요소들의 각기 다른 이미지들을 한번에 모아서 연상하는
것도 좋습니다.

Unit 5. 어원으로 배우는 영단어

영어의 어원을 근본적으로 연구해 보면 그리스어와 라틴어의 영향이 막대했음을 알 수 있습니다.

<그리스어 어원>

어원	관련된 의미	단어 예시
anti	반대되다, 대항하다	antibiotic(항생제), antipathy(반감), anti-aging (노화 방지의)
aqu	물	aquarium(수족관), aqueduct(송수로), aquatic(수상, 수생)
auto	자신의	automatic(자동의), autonomy(자율성), autobiography(자서전)
biblio	책	bibliography(참고 문헌), biblical(성서의)
bio	생명	biology(생물학), biopsy(조직 검사), biography(전기)
chrono	시간	chronic (만성적인), chronicle (연대순으로 기록하다)
dem	사람들	democracy(민주주의), demagogue(선동가)
doc	가르치다	doctorate(박사 학위), document(서류), doctrine(신조)
dyna	힘	dynamic(역학), dynasty(왕조), dynamite(다이너마이트)

어원	관련된 의미	단어 예시
geo	지구	geology(지질학), geography(지리학)
graph	쓰다	graphic(삽화), autograph(서명하다), demographics (인구 통계)
path	느끼다	empathize(공감하다), pathetic(불쌍한), sympathy(연민)
phil	좋아하다	philanthropy(자선 활동), philosophy(철학)
phon	소리	phonetic(음성의), telephone(전화기), microphone(마이크)
photo	빛	photograph(사진), photocopy(복사하다)
schem	계획하다	scheme(계획), scheming(책략을 꾸미다)
syn	함께하다	synergy(상승효과), synthetic(인조의)

<라틴어 어원>

어원	관련된 의미	단어 예시
ab	멀어지다	abnormal(비정상적인), absence(결석), abstain(자제하다)
acr	쓴맛의	acrid(매캐한), acrimony(악감정)
audi	청각	audience(청중), auditorium(객석), inaudible(들리지 않는)
bene	선(善)	benefit(혜택), benign(유순한), benevolent(자애로운)
brev	짧은	abbreviate(축약하다), brief(간략하다)
civ	시민의	civility(정중함), civilian(민간인), civilization(문명)
don	주다	condone(용서하다), donation(기부금)
dorm	수면	dormitory(기숙사), dormant(휴면기의)

어원	관련된 의미	단어 예시
equ	균등하다	equality(평등), equivalent(동등하다)
gen	잉태하다	generate(발생시키다), gene(유전자)
hab	소유하다	habit(버릇), habitat(서식지), prohibition(금지)
jur	법률	justice(정의), justify(정당화하다), jury(배심원단)
lev	뜨다	elevate(승격시키다), levitate(공중부양하다), leverage(활용하다)
loc	장소	local(현지의), location(위치)
magn	위대하다	magnificent(성대하다), magnitude(규모)
manu	손	manual(수동의), manipulate(조종하다)
mitt, miss	보내다	missile(미사일), transmit(전송하다), permission(허가)
omni	모든	omnipotent(전능한), omniscient(전지의), omnipresent(보편적인)
pac	평화	peace(평화), pacifism(평화주의)
sens	느끼다	sensitive(세심한), resent(원망하다), consensus(합의)
terr	땅	territory(영역), terrain(지형), extraterrestrial(외계의)
vac	비다	vacuum(공백), vacate(비우다), evacuate(피난하다)
vid, vis	보다	vision(시력), video(동영상), invisible(보이지 않는)
viv	살아있는	revive(되살리다), survive(생존하다), vivid(생생하다)

예를 들어서, 물에 관련된 것들은 대부분 그리스어 어원인 'Aqu-'로 시작합니다.

예 Aqueduct, aquarium, aquadiver.

책과 관련된 대부분의 명사는 그리스어 어원인 'biblio-'로 시작합니다.

예 Bibliography, bible.

그리고 짐작하셨겠지만, 법과 관련된 단어는 'jur-'로 시작됩니다. 이건 라틴어입니다.

예 Jury, judicial, judiciary.

하지만 이러한 것들을 무작정 외우라는 이야기는 아닙니다. 다만 감성을 이입하면 암기가 더 쉬워집니다. 여기서 흥미로운 일화를 소개합니다.

『Choosing the Future(전략적 사고)』라는 책을 쓴 미국의 교수이자 컨설턴트인 스튜어트 웰스는 '경쟁'이라는 단어의 본래 어원을 다음과 같이 설명합니다.

경쟁(compete)이라는 단어는 '함께'라는 의미의 'com-'과 '추구하다'라는 의미의 '-petere'의 합성어인 'competere', 즉 '함께 나아가다'라는 의미를 가진다고 말합니다.

이는 우리가 흔히 생각하는 경쟁의 의미인 한정된 자원과 기회를 놓고 피 터지게 대결하는 경쟁과는 사뭇 다릅니다. 사전적인 의미는 아니지만, 경쟁이라는 단어의 본질적인 핵심을 고대 로마인들은 꿰뚫고 있었던 것이죠! 경쟁은 곧 함께 공존하고 생존하기 위함이었습니다.

영어의 어원을 따라가다 보면 영어 공부의 활력을 느끼실 수 있을 겁니다.

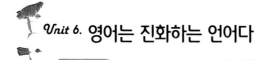

Unit 6. 영어는 진화하는 언어다

바이킹족은 850년경에 영국을 점령해 오늘날까지 우리가 쓰는 영단어들을 많이 도입했습니다.

대표적으로 벨트(belt), 버터(butter), 컵(cup), 포크(fork), 와인(wine) 등의 단어는 다 이 시기에 비롯된 것입니다. 계몽 시대에 접어들어서는 윌리엄 셰익스피어와 같은 저명한 작가들이 새로운 단어들을 많이 창출하게 되는데, light(빛), intellect(지성), famous(유명한), sacred(경건한), wisdom(지혜) 등이 있습니다.

즉, 영어는 속된 말로 하자면 다양한 유럽 고대 언어들의 '짬뽕'입니다.

불어, 독일어, 라틴어, 그리스어 등 당대 최고 언어들의 융합으로 현재의 영어가 탄생한 것입니다. 언어학 전문가인 로버트 파우저 전 서울대 교수의 『외국어 전파담』을 읽어 보면 영어가 어디에서 어디로, 누구에게 어떤 방식으로 전해졌는지 알 수 있습니다. 상당히 흥미롭습니다.

그만큼 한 세기 후의 우리가 쓰는 영어는 지금의 영어와 상당 부분 다를 수도 있습니다. 이메일과 스마트폰의 등장으로 단어를 축약해서 짧게 쓰게 되면서, 구식의 딱딱한 영어와 복잡한 문법 규칙들이 많이 간소화되었습니다.

언어는 애초에 정보 전달 기능을 실현하기 위한 수단입니다. 그래서 담아야 할 정보를 가장 효율적으로 표현하기 위해서 진화를 거듭합니다.

이미 현존하는 표현들이야말로 여러 시행착오를 거치고 시장, 즉 사용자들로부터 검증되고 살아남은 표현들입니다. 언어는 이렇게 쉽고 간단해지는 경향을 보입니다.

그만큼 여러분의 영어도 효율적이고 간단명료하며 최적화된 표현들로 구성되어야 합니다. 즉, 연령층이 상대적으로 낮다면 인터넷에서 통용되는 용어들도 익힐 필요가 있습니다.

Formal English(격식 영어)도 중요하지만, Informal English(비격식 영어)로 의사소통의 대부분을 진행한다면 배울 가치가 충분한 것이죠.

재밌는 예를 들어 볼까요?

"That's so lit!"

'lit'의 사전적 의미는 '불이 켜져 있다'입니다.

하지만 위의 표현은 너무 환상적인 것을 뜻합니다.

물론, "That's so fantastic!"이라고 표현할 수도 있습니다.

하지만 "판타스틱하다."라는 표현은 영어에서도 상당히 오글거리는 뉘앙스를 풍기며 오히려 과장하거나 상대방을 비꼴 때 쓰이는 편입니다. 그 대신 세 글자의 'lit'을 쓰면 젊은 층 사이에서 호응이 좋을 것입니다.

실제로 미국의 20~30대들은 이런 표현을 더 많이 씁니다. 미드(미국 드라마)에서도 많이 접하셨을 겁니다. 요즘 유행하는 유튜브 영어에서도 자주 나타납니다.

실제로 전 세계적으로 권위 있는 사전인 옥스퍼드 영어사전[3]은 매년 새로운 단어들을 추가합니다.

2002년 3월에 추가된 단어 중 하나로 'all-you-can-eat'이라는 단어가 있습니다. '무제한 뷔페'를 뜻합니다.

미국에서 입장료만 내고 무제한 고기나 스시를 시켜 먹으려면 이 단어를 알아야 하지 않을까요?

---

3) 출처: "Updates to the OED," Oxford English Dictionary.

'supersized'는 2004년 12월에 추가된 단어입니다. 막대한 크기를 나타날 때 형용사로 유용합니다.

'A supersized hamburger', 'supersized body' 등도 활용도가 높습니다.

2015년 3월과 6월에는 각각 'lookalike'와 'crowdfund'가 추가되었습니다.

특정 사물이나 인물과 매우 흡사할 때, 즉 도플갱어를 'lookalike'라고 표현합니다.

'크라우드 펀딩(crowd funding)'은 우리의 귀에도 익숙한 단어입니다. 'SNS나 인터넷, 기타 플랫폼을 통해 다수의 개인으로부터 투자자를 모으는 것'으로 21세기의 매우 중요한 자본 유치 수단으로 부상했습니다.

물론 이른바 언어 순수 주의자(linguistic purists)들은 이러한 단어들이 저급하고 간단하다고 주장합니다.

그러나 저는 시대에 맞춰서 새로운 단어들을 창조해내는 건 언어의 변질이 아니라 혁신이라고 봅니다.

Chapter 2.

자신만만
영어 스피치

Unit 7. 영어 스피치, 두려워하지 마라

지금까지의 유닛들에서는 영어의 기초가 되는 단어와 문장 학습법 그리고 자칫 어려울 수 있는 문법을 쉽게 풀어내고자 했습니다.

그러나 한 가지 중요한 게 빠졌습니다. 바로 회화입니다. 회화라는 표현이 조금 딱딱해 보입니다. 달리 풀이하자면 바로 스피치입니다. 어쩌면 영어 공부에 있어서 가장 강조되어야 하는 부분이죠.

물론 영어권 국가에서 여행할 때 필요한 스피치는 생각보다 많지 않습니다. 관광지와 숙박업소 그리고 음식점에서 구사해야 하는 스피치는 간단한 프레임에만 충실하면 큰 막힘없이 문장들을 생성하실 수 있습니다. 심지어 동시통역 기기의 발달로 인하여 간단한 회화는 이제 큰 고민거리가 아닙니다.

그러나 제가 독자 여러분께 강조하고자 하는 스피치는 다릅니다.

자신의 다양한 생각들을 가족이나 친구들 외의 사람들에게 표출하고, 특수한 목적을 달성하기 위한 스피치를 뜻합니다.

여기서 목적이라고 하면 흔히 네 가지를 일컫습니다.

1) 정보(Inform)
상대방과 어떤 지식이나 사실을 공유하려고 합니다.

2) 설득(Persuade)
어떠한 주제나 입장에 있어서 상대방을 설득하고자 합니다.

3) 오락(Entertain)
상대방을 즐겁게 해 주거나 웃음을 자아냅니다.

4) 영감(Inspire)
상대방에게 감동을 선사하고 깊은 울림을 전합니다.

물론 하나의 목적만 고집할 것이 아니라, 네 가지를 다 해낼 수 있는 스피치와 프레젠테이션이 가장 이상적이라고 봅니다.

청중들이 깊이 공감하며 웃다가도 마음이 따뜻해지고 눈물까지 흘리게 되는, 다양한 감정들의 변화를 진솔하게 이끌어내는 스피치는 진풍경을 만듭니다.

최근 한국에서도 영어 스피치의 필요성이 강조되고 있습니다.

영어 공인 시험이나 자격증을 넘어서 영어 스피치 전용 학원이나 프로그램들이 각광받는 게 현실입니다.

예컨대 영어 스피치 경력은 해외 대학 진학에도 유리하게 작용하고 있습니다.

기존에 강조되었던 교내 스포츠와 음악 활동, 봉사 활동 등과 더불어 스피치나 토론 같은 경력이 최근 들어 크게 인정받고 있죠.

미국 대학에서는 분명 말을 잘하는 인재를 선호합니다. 문과, 이과에 상관없이 자기표현을 잘하고, 진취적으로 생각하고, 주위 환경에 긍정적인 영향을 미치는 사람들을 뽑고자 합니다.

그런 의미에서 Public Speaking(대중 연설) 경력은 입학사정관이 그런 기준들을 가늠하는 데 있어서 믿음직한 지표가 될 것입니다. 대학에 가서 필수적으로 갖춰야 할 스피치 능력을 학창 시절부터 갈고 닦으면 아무래도 유리하죠.

필자도 대학에 가서 다양한 수업과 동아리를 통해서 발언하는 기회를 지속해서 가졌습니다. 논쟁적인 이슈를 놓고 열띤 토론을 진행하거나, 전공 관련 프레젠테이션을 한다든지, 통화 정책에 관한 연구 발표라든지, 한인회 활동을 했습니다. 미국 대학의 특징은 학생이 토론을 주도하는 참여형 수업들이 많다는 것입니다.

그때마다 느낀 건, 스피치를 통해서 연설 등으로 내 생각의 폭을 늘리고, '내가 누구인가?'에 대한 질문에 한 발짝씩 더 다가가면서, 자존감을 향상시키고 사회나 세상을 바라보는 시각이 조금 더 뚜렷해졌다는 것입니다.

사실 필자는 고등학교 시절부터 영어 스피치에 관심을 가지고 각종 국내외 대회들에 참가하였습니다.

대표적으로 2014년에 열린 국제 영어 스피치 대회(International Public Speaking Competition, IPSC)에 한국 대표로 출전하여 대회 우승을 한 전력이 있습니다.

[2014. 6. IPSC 우승 후 필자(오른쪽)와 당시 주한영국대사(왼쪽)][4]

IPSC는 영국 황실이 주최하고 여러 매체와 기관들이 후원하는 공신력 있는 대회로서, 전 세계 50개 이상의 국가에서 예선 및 본선을 통틀어서 4만 명 이상 참가하는 대회입니다. 쟁쟁한 국가대표들 틈에서 한국 국적의 열아홉 살 학생이 최종 우승을 거둘 수 있었던 비결은 무엇일까요?

바로 강력한 동기, 즉 자신을 표현하고자 하는 동기(motivation)가 있었기 때문입니다.

---

4) 출처: 주한영국대사관 제공.

영어 스피치도 기억하시기 쉽게 간단한 프레임으로 풀이해 드리겠습니다.

모든 스피치에는 세 가지 축이 있다고 봅니다.

여기서 삼각형이 등장합니다.

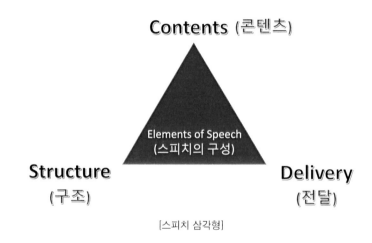

[스피치 삼각형]

콘텐츠(Contents)는 스피치를 통해서 상대방에게 전달하고자 하는 메시지입니다.

구조(Structure)는 콘텐츠를 어떻게 논리정연하게 전개할 것인가에 대한 고민입니다.

전달(Delivery)은 콘텐츠를 어떻게 포장해서 청중들에게 전달할 것인가에 대한 고민인데, 언어적(verbal) 요소와 비언어적(non-verbal) 요소들을 전부 포함합니다.

이 중에서 하나의 축이라도 빠지면 삼각형은 무너집니다.
세 가지 요소 간의 균형이 영어 스피치에서도 매우 중요한 것입니다.

이 세 가지는 영어 스피치뿐만 아니라 영어의 전반으로 확장됩니다. 이에 대해서는 자세히 후술하겠습니다.

Unit 8. 강력한 콘텐츠로 승부하라

우선 삼각형의 한 축인 '콘텐츠(contents)'를 살펴보겠습니다.

Inform… Persuade… Entertain… Inspire…. 영어 스피치를 하는 목적이나 스타일이 어떻든 간에, **전달하고자 하는 콘텐츠는 누가 들어도 명확하고 납득이 가야 합니다. 그리고 자기 스스로 확신이 있어야만 합니다.** 전달할 내용이 스스로 정리되지 않은 상태에서 말을 하면, 주어진 주제가 생소할 수도 있는 상대방에겐 굉장히 혼란스럽습니다.

그러기 위해선 어떻게 해야 할까요?

사실관계를 명확하게 해 주고, 주장(argument)과 함께 이를 뒷받침해 주는 근거들(evidence)이 공존해야만 합니다.

주관적인 주장은 그 자체만으로 거의 아무 효력도 가지지 못합니다. 그 바탕에 깔린 데이터와 논리적 사고를 제시해야만 합니다. 일방적으로 주장만 내세운다면 혹독하게 검증하고 반박당할 것입니다.

예컨대, 우리는 "짜장면이 최고야(Noodles in black bean sauce are the best)!"라고 주장할 수 있습니다. 그러나 구체적인 근거를 더 제시해야 하지 않을까요?

- "It has a wonderful chewy texture(정말 쫄깃쫄깃해요)."
- "You get a lot of bang for your buck(가격에 비해서 정말 맛있어요)."
- "It reminds me of the pleasant memories from my childhood(어린 시절에 짜장면을 먹었던 행복했던 추억들이 떠올라요)."

대부분 납득이 가실 만한 근거라고 생각합니다.

이처럼 모든 영어 스피치에서도 확실한 주장과 함께 납득이 될 만한 증거를 차례로 제시하셔야 합니다.

그리고 콘텐츠는 절박하고 신선해야 합니다.
절박한 콘텐츠라고 해서 막장 요소를 넣는다거나 자극적인 내용, 인간의 동물적인 본능에 호소하라는 뜻은 아닙니다.

듣는 사람의 호기심이나 강한 공감을 이끌어낼 만한 콘텐츠가 절박한 콘텐츠입니다. 상대방이 몸으로 반응하는 게 보이면 내 영어 스피치가 성공한 것입니다.

저는 대회에 나가서 영어 스피치를 하는 내내 평가 위원들의 표정이나 반응을 간파하려고 합니다. 그들이 고개를 끄덕거리면 좋은 콘텐츠라고 생각하고 더 강조합니다.

반대로 고개를 갸웃거리거나 주저하는 것 같으면 그것은 상대적으로 약하거나 와닿지 않는 콘텐츠라고 여기고 빠르게 넘기거나 즉석에서 내용을 줄이기도 합니다.

그리고 심사위원들이 미소를 띠거나 평가지에서 눈을 떼고 화자에게 매료된 것처럼 계속 응시하고 있으면 성공한 것입니다. 사람의 심장에서 맥박이 뛰게 하면서 박동이 넘치게 하는 그런 콘텐츠를 구하시길 바랍니다.

그렇다면 이런 좋은 콘텐츠는 어떻게 어디서 영감을 받아서 만들어질까요? 아이디어들은 저절로 떠오르지 않습니다. 아이디어들을 키우기 위해선 당연히 경험의 폭을 늘려야 합니다.

경험은 다양한 곳에서 축적됩니다. 그러나 시사 이슈나 사회적 주제에 대한 영어 스피치를 잘하기 위해서는 영문으로 된 신문 기사나 사설, 잡지나 인터뷰 글들이 많은 도움이 됩니다. 오늘 자 신문에서 영어 헤드라인만 골라내서 노트에 옮겨 적어 봐도 여러 아이디어가 떠오릅니다.

이렇게 영어로 된 텍스트를 매일 습관적으로 20분 만이라도 읽으시길 권장합니다. 20분씩 매일 투자하면 한 달에 10시간 이상, 60분씩 투자하면 한 달에 30시간 정도 영어로 된 활자를 읽게 됩니다. 결코 무시할 수 없는 수준입니다. 등굣길이나 출근길에 10분, 하굣길이나 퇴근길에 10분. 하루에 20분을 할애하는 것은 생각보다 어렵지 않습니다.

그리고 콘텐츠를 준비하실 때는 한국의 이슈(issue)들 말고도 글로벌 이슈(global issue)와 경향(trend)들도 포착해야 합니다. 영어 스피치는 준비하면서 세상을 알아가는 과정이기도 합니다. 영어의 우주는 매우 넓으니까요. 스피치에서 풍부한 비유와 예시를 제시하려면, 전 지구적인 레이더를 돌려야 합니다. 글로벌한 마인드는 글로벌한 스피치를 탄생시킵니다.

예를 들어보겠습니다. '복지 지출을 늘려야 하는가?'라는 주제에 대해서 스피치를 해야 한다고 합시다.

만약 찬성하는 편이라면, 다음과 같은 콘텐츠를 넣을 수도 있습니다.

"Secure people dare(안전하다고 느끼는 사람들은 대담할 수 있습니다)!"

This was the slogan of the Swedish Social Democrats in the 50's and 60's(이것은 5~60년대 스웨덴 사민당의 구호입니다).

Increasing welfare spending and creating a social safety net will enable people to embrace failures, make new choices, and spawn entrepreneurship(복지 재정을 확대하여 사회 안전망을 구축해야 사람들이 실패를 두려워하지 않고 새로운 선택도 하며, 스타트업도 시작합니다).

Welfare and growth are not mutually exclusive(복지와 성장은 상호 배타적이지 않습니다).

They only stimulate each other(서로가 서로를 촉진할 뿐입니다)!

비교적 짧고 명확하면서 상당히 신선한 내용을 동원합니다. 오래전 스웨덴 사민당의 구호를 언급하면서 다른 주장이나 증거들과는 차별화를 시도합니다.

그렇다면 복지 지출 확대를 반대하는 편으로 가 봅시다. 이렇게 얘기할 수도 있을 것입니다.

A social security time bomb will soon go off(사회 복지지출로 인한 시한폭탄은 곧 터질 것입니다).

We know workers do not become self-reliant with free money(우리는 돈만 퍼준다고 해서 노동자가 자립할 수 없다는 걸 알고 있습니다).

We should provide workfare so people can get back on their feet(우리는 워크페어, 즉 정부가 제공하는 직무 교육을 통해서 사람들이 스스로 재기할 수 있도록 도와줘야 합니다).

마찬가지로 짧지만 굵직굵직하고, 찬반을 막론하고 콘텐츠 자체도 어느 정도 납득이 되거나 절박하게 느껴지는 표현들입니다.

이런 콘텐츠는 글로벌하고 다양한 영어 텍스트에 대한 지속적인 노출이 없이는 힘듭니다.

저는 스피치 대회를 준비하면서 워낙 방대한 양의 텍스트를 참고한지라, 발표하기 좋은 이야깃거리나 재미있는 표현들이 일상적으로 떠오르기도 했습니다. 혹어 까먹을까 봐 부랴부랴 노트에 적은 기억도 납니다.

그렇습니다. 평소에도 좋은 표현들이나 콘텐츠가 몸에 체화되면 머릿속에 맴돌기 시작합니다. 저는 스피치를 잘하기로 유명한 사람이라면 누구든 가리지 않고 유심히 관찰하고 연설문 전문이나 인용 문구를 항상 가까

이에 두었습니다. 그리고 그중에서 심장에 와 닿는 표현들을 따로 적고 수십 번씩 따라 했습니다.

그러나 보면 신기하게도 나만의 목소리가 나옵니다. 이때 나온 주장이나 표현은 기존에 있었던 콘텐츠를 조합하거나 변형한 것일 수도 있습니다. 창조적인 주장이나 표현일수록 주목을 끌기 좋습니다.

그렇습니다. 여러분의 단어장을 더 키워야 합니다. 천편일률적이고 지루한 영어 표현은 지양합시다. 아무런 힘도, 메시지도, 울림도 없는 그런 콘텐츠는 들을 가치조차 없을지도 모릅니다. 듣는 사람 입장에서도 얼마나 고역입니까? 대신에 신나고(fun) 살아있으며(alive) 자기중심적인(self-centered) 영어 표현들을 추구합니다. 자신만의 사전을 축적해 나가는 것입니다.

하나 더 덧붙이자면, 이미 익숙한 한국어 표현들도 괜찮습니다. 물론 한국적인 표현을 부연 설명 없이 직역해서는 안 되겠지만, 그 정서나 어감을 살려서 영어로 표현하면 더욱 흥미로운 스피치가 탄생할 것입니다.

실제로 필자가 경험해 본 결과 국제무대나 해외에서는 자국의 고유문화나 정서를 영어로 전파해 주는 것을 매우 좋아합니다.

저도 한글로 된 시집의 한 구절을 번역해서 읊거나 외국인에겐 약간 생소할 수도 있는 한국 문화의 한 단편을 설명하며 신선하고 좋은 스피치로 평가를 받았습니다.

예를 들어, 저는 대학 입학 에세이를 준비하면서 다음과 같은 문장을 삽입하기도 했습니다.

> *We Koreans like bee sting acupuncture. Yes, it hurts, but it heals the pain*(우리 한국인들은 봉침을 좋아합니다. 아프지만 고통을 치유해 주죠)*!*

봉침이라는 한국 전통 의술을 외국인들에게 알리면 신선할 것 같다는 생각을 했습니다.

한국의 '젠', 참선(參禪)을 소개하는 문장도 넣었습니다.

> *Like a meditative Buddhist monk ignores a buzzing fly, I choose a new strategy: ZEN. ZEN OUT my health worries. ZEN OUT my return to the MUN podium. ZEN OUT my final paper*(불교의 승려가 윙윙거리는 파리를 무시하듯이, 저는 새로운 전략을 택했습니다. 참선하자. 건강에 대한 우려를 참선하자. 모의 유엔 무대에 서는 것도 참선하자. 기말고사 논문도 참선하자).

이처럼 지극히 한국적인 아이디어들을 영문으로 표현해도 됩니다.

여러분들도 다양한 텍스트를 위해서라면 개인적인 경험, 신문, 유튜브, 소셜 미디어 등에서 아이디어를 끄집어내고 분야, 지역이나 인물을 가리지 않아야 합니다. 다채롭고 신선한 주장과 증거를 펼치기 위해선 시야가 최대한 넓어야 합니다. 특히 영어 스피치 대회를 준비하시는 분이라면, 막연한 주제를 놓고 본인이 특정한 각도나 접근방식을 정하는 데 어려움을 느끼실 수도 있습니다. 이때 대회 참가를 며칠 앞두고 부랴부랴 구글 등에서 검색할 수는 없습니다. 평소에 익숙했던 화제들과 개인적 관심사들의 테두리 안에서 자연스럽게 끄집어내는 것이 더 좋은 성과를 보장할 것입니다.

Unit 9. 효과적인 스피치 구조

삼각형의 두 번째 축인 '구조(structure)', 즉 메시지를 어떻게 그릇에 담아낼 것인가도 매우 중요합니다.

구조가 너무 복잡하거나 모호하면 힘을 잃어버려 김빠진 스피치가 될 수도 있습니다. 간략하면서도 직관적으로 이해할 수 있는 구조를 가지고 진행해야 합니다.

5분 제한이 있는 스피치가 있다고 합시다. 어떻게 하면 자기주장을 가장 효과적으로 정리할 수 있을까요? 다음의 speech flow, 즉 스피치 흐름을 같이 살펴봅시다.

1) 도입부(Introduction)
우선 도입부부터 살펴보겠습니다.

(1) 미끼(Hook)
소위 미끼라고 하는데, 청중의 시선을 사로잡는 것을 말합니다. 저는 아까 "Secure People Dare!"라는 구호를 예시로 들었는데 그런 캐치프레이

즈도 좋습니다. 짧고 굵직한 것도 좋습니다. 처음부터 너무 어려운 이야기만 구구절절이 말하면 뇌가 지치니까요.

(2) 배경 설명(Introduction of Topic)

이어서 주제를 소개합니다. 간단하게 오늘의 토픽을 언급하고 배경지식을 더 첨부해도 좋습니다.

(3) 논제(Thesis)

논제(Thesis)는 굉장한 중요한 단어입니다. 스피치 안에서의 내 철학과도 같습니다. 대학교 논문에서도, 투자에서도, 우리 삶에서도 Thesis는 매우 중요합니다. 단순히 메인 아이디어(Main Idea)들을 나열한 것이 아니라 화자의 목표와 신념이 녹아든 것입니다. 이런 목표는 보통 구체적이고 논쟁적인 성격을 띱니다. 모든 사람이 동의하지 않습니다. 그러나 스피치 내에서 반대하는 의견을 납득시켜야 합니다. 자신의 논제를 최대한 증명해야만 합니다.

2) 관련 주장 및 논거(Supporting Arguments)

그리고 이를 뒷받침해 주는 주장들이 나옵니다.

(1) Argument 1

여기에 여러분의 첫 번째 주장이 들어옵니다.

(2) 정성(定性)적 및 정량(定量)적 근거(Quantitative+Qualitative Evidence)

이어서 주장을 뒷받침해 주는 직접적인 무언가가 나와야 하죠. 증거는 두 가지 종류가 있는데 골고루 써야 합니다.

• 정량적 근거: 데이터와 통계 수치

한 마디로 팩트 체크(사실 확인)를 해달라는 것입니다. "IMF에 의하면 X가 Y이다.", "100명을 설문 조사하니까 이렇게 얘기하더라." 이런 부류의 증거를 말합니다.

• 정성적 근거: 내러티브와 이야기들

이건 양적인 증거가 아닌 질적인 증거, 즉 어떤 내러티브(이야기 전개)나 스토리를 말합니다. 과거 정책이 이랬고, 누가 몇 년도에 어떤 행위를 했느냐는 내용 등이 이에 해당합니다. 여기서는 개인적인 경험담을 말해도 되지만, 내 스피치의 논제(Thesis)와 관계가 없으면 넣을 이유가 없습니다.

Quantitative와 Qualitative Evidence(정성(定性)적 및 정량(定量)적 근거)는 단순히 그 개수가 중요한 것은 아닙니다. 스피치하는 내내 "According to~"라고 하며 남의 의견만 인용하면 안 되겠죠. 남의 의견은 항상 자기 것으로 소화하고, 여러 개의 정보를 융합하고 간추려서 본인의 관점에서 전달하는 게 훨씬 중요합니다.

특히 영어 스피치 대회에서 심사위원들이 알고 싶은 건 나의 의견인데, 하버드 명예 교수의 생각만 5분 동안 이야기할 수는 없습니다.

(3) 다음 주장으로 전개(Transition to the Next Argument)

그리고 다음 아이디어로 넘어간다는 신호(signal)를 명확히 해야 듣기가 원활해집니다. 특히 평가 시에는 주장이 몇 개 있고 어떻게 구분되는지 알아야 합니다. 다음 주장으로 논리적으로 연결되는 고리를 만드십시오.

이런 구조는 도돌이표처럼 주장을 내세울 때 몇 번이든 반복할 수 있습니다. 다음과 같습니다.

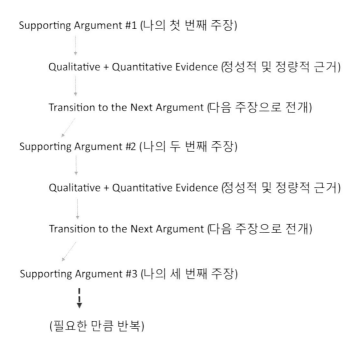

3) 결론(Conclusion)

그리고 마무리 부분으로 갑니다. 스피치 끝부분에서는 정리하고 딱 끝나는 게 아니라 스피치를 오히려 마지막으로 한 번 더 고조시켜야 합니다. 앞서 1장에서 다루었듯이 액셀을 밟는 것을 연상하시면 됩니다.

(1) 논제와 논거들의 개요(Summary of Thesis and Supporting Arguments)

내 스피치의 논제(Thesis)를 한 번 더 짚어주고 주장들을 요약해 줍니다. 여기서 중요한 점은 절대 나열하면 안 된다는 사실입니다. 재차 강조하지만 똑같은 어휘를 두 번 이상 쓰면 안 됩니다. 살짝 다른 각도나 어휘로 변형시켜서 새롭고 진화된 아이디어인 것처럼 발표하는 게 고수(高手)입니다.

(2) 여운이나 감동을 남기는 한 마디

여운이나 감동을 남기는 부분입니다. 영어로는 'food for thought(깊이 생각할 거리)'라고 하기도 합니다. 우리가 음식을 씹듯이 마음으로 생각을 곱씹는다는 의미입니다. 'call to action'이라고도 하는데, 바로 청중의 반응을 유도하는 행위나 요소를 일컫습니다.

즉, 짧은 스피치였지만 왜 내가 이런 얘기를 했는가에 관해서 설명을 제공합니다. 그리고 상대방이나 청중들이 내 스피치를 듣고 어떻게 했으면 좋겠다는 바람을 나누기도 합니다.

각 부분마다 1분 정도씩 할애하면 이렇게 됩니다. 물론 구체적인 시간 안배는 참가자들께서 하시면 됩니다. 그러나 흐름이 원활해야 하고 문장의 속도감이 있어야 한다는 것을 잊지 마십시오.

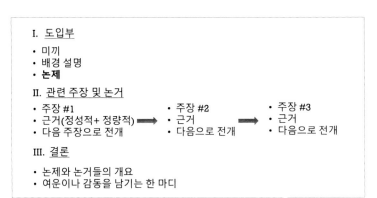

[스피치 구조 정리]

그리고 스피치 한 줄, 한 줄을 쓰는 데에 정성을 들이십시오. 제가 매번 강연 때마다 강조하는 이야기지만, 수정과 보완(revise&edit)을 통해서도 스피치의 질을 대폭 향상시킬 수 있습니다.

대회 참가자라면, '나는 메달권에 진입하고 싶다'라는 욕심이 있을 수 있습니다. 그렇다면 본인의 연설문을 적어도 열 번 이상은 읽어 봐야 합니다. 연설문을 다듬고 다듬어야 할 각오를 단단히 하셔야 합니다. 이는 마치 실력 있는 공예가가 몇 주에 걸쳐서 정성을 들여 도자기를 빚는 과정과도 같습니다.

저도 '국제 영어 스피치 대회'를 준비하면서 스피치를 수십 번 고치고 수십 번씩 리허설했습니다. 한 개의 형용사를 두고도 몇 주를 고민했습니다. 불과 한 개의 단어 선택일지라도 현장에서 심사위원들에게 미치는 파급력은 상당합니다. 제가 심혈을 기울인 문구를 말한 뒤에 심사위원들의 눈이 반짝거릴 때만큼 기쁜 순간은 없습니다.

스피치 대회에서 상위권 학생들은 전부 우수합니다. 그런 의미에서 1등과 2등의 차이는 단 한 문장의 영향력(impact)으로 좌지우지될 수도 있다는 사실을 기억하시길 바랍니다.

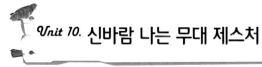

Unit 10. 신바람 나는 무대 제스처

마지막으로, 'Delivery'는 전달 방식입니다.

전달(Delivery)할 때는 앞서 다룬 언어적(verbal) 표현들에도 신경을 써야 하지만, 은연중에 나타내는 비언어적(non-verbal) 표현들이 차지하는 비중이 압도적입니다.

전문가들에 의하면 보디랭귀지, 즉 우리가 짓는 표정이나 손짓이나 몸짓이 콘텐츠의 70% 이상을 차지한다고 합니다. 그래서 영어 스피치에서도 적절한 손 움직임 및 핸드 모션(hand motion)을 취할 줄 알아야 합니다. 우리는 본능적으로 사람을 판단하기 때문에 인상을 찌푸리면서 응시를 한다든가, 가슴 앞쪽으로 손을 모은다든가, 양 주먹을 불끈 쥔다든가 하는 모습에 무의식적으로 이끌리기 마련입니다. 그래서 연설문을 쓸 때는 마치 드라마 대본처럼 내가 할 제스처나 액션을 괄호 안에 적어놓아도 좋습니다. 좋은 보디랭귀지는 긴장을 풀어주고 청중의 이해를 돕습니다.

[필자의 다채로운 제스처 모음집]⁵⁾

---

5)   출처: ESU KOREA 제공.

만약 내 전달력이 상대적으로 부족하다고 느껴진다면, 다양한 표정을 짓는 연습부터 하십시오. 미국의 코미디언인 짐 캐리가 나오는 영화를 참고해도 됩니다. 참 다양한 인간의 표정들을 연구할 수 있습니다.

물론 전달(delivery)이 시종일관 너무 강하기만 하면 오히려 감점이 될 수도 있습니다. 전달은 적절해야 합니다. 그 강도를 적절히 조절하면서 거부감이 없는 선에서 끝내면 그 효과를 톡톡히 볼 수 있습니다.

그리고 페이스를 조절하십시오. 너무 빨리 말해서도 안 되고 천천히 말해서도 안 된다는 것은 여러분도 이미 잘 아실 겁니다. 분위기가 고조되는 구간에서는 몰입해서 빠르게 이야기해도 좋지만, 클라이맥스에 도달하고 다시 내려올 때는 템포를 낮춰야 합니다. 이렇게 강약 조절을 해야 합니다.

마지막으로 연습할 때는 늘 자기 자신을 관찰해야 합니다. 남들에게 지속적인 피드백을 받을 수 없을 때는 거울이나 노트북에 설치된 카메라를 보고 연습한 뒤에 자기 영상을 보는 것이죠. 피드백을 자기 자신에게 직접 해 주는 겁니다.

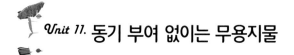

Unit 11. 동기 부여 없이는 무용지물

내용. 구조. 전달.

앞서 삼각형의 세 축을 다뤘습니다. 그런데 하나가 빠졌습니다. 무엇일까요?

바로 가슴 깊숙한 곳에서 나오는 동기(motivation)입니다. 근본적인 동기 부여가 없으면 전부 무용지물입니다. '빈껍데기 스피치'란 말입니다!

저는 중학교 때부터 참 많은 스피치를 했습니다. 대회란 대회는 다 찾아서 참가하려고 했습니다.

그러나 단순히 스펙에 한 줄 더 넣기 위해서 했던 스피치는 항상 찜찜하고 감동도 없었습니다. 저 자신부터 그걸 느끼니, 평가자들도 제 모습을 간파했는지 후한 점수를 주지 않았습니다.

그렇습니다. 눈에 다 보입니다.

그러나 정말 평소에도 내가 품었던 생각들과 감정들을 대중들 앞에서도 꼭 표출하고 싶은 의지가 있으면 스피치도 쉽게 써지고 좋은 성과를 거둘 수 있었습니다.

여러분이 평소에 관심 있는 주제들을 끊임없이 고민하고, 생각들을 잘 정리해서 다수의 사람에게 새로운 영감을 주거나 좋은 방향으로 이끌어 갈 수 있다면 성공한 것입니다.

결국, 영어는 자신을 표현하고자 하는 본능적 욕망(instinct)으로 귀결됩니다.

영국의 언어학자 할리데이에 의하면 언어는 도구적인 기능(instrumental function)이 크게 강조됩니다. 우리의 본능적인 욕구와 소망을 표현하고 충족시키기 위한 중요한 수단인 것입니다.

우리는 생존을 위해 욕구를 표현하고자 "I want~", "I hope~", "I wish~" 식으로 자신을 표현합니다.

또한, 언어를 매개체로 자기 생각과 감정, 태도를 표현하며, 자신의 정체감을 인식하고 형성해 나가는 것도 영어 공부를 하는 주된 이유일 것입니다.

영어를 이런 측면에서 접근해 보는 건 어떨까요.

그런 의미에서 우리 같이 스피치에 개성과 자기 확신을 담아 봅시다. 개성만이 여러분의 가장 강력한 무기입니다!

영어에 이런 표현이 있습니다. **"Own the Stage!"**

그 순간만큼은 무대를 소유하라는 말입니다. 그렇습니다. 필(feel)과 개성으로 넘쳐나는 순간 그 무대는 바로 여러분의 것입니다.

살아가면서 해야 할 말은 해야 합니다.

차가운 비판을 두려워해서 스스로 몸을 사리거나 할 말을 못 하는 것은 우리를 피곤하게 만들고 우리의 잠재된 능력을 무력화할 뿐입니다.

영어 스피치를 통해 주체할 수 없는 그 끼와 에너지를 마음껏 발휘하십시오.

물론 공정하고 합리적으로 사실에 기반해서 발언해야만 여러분들의 신뢰도가 올라갑니다.

사람들은 진정한 정성에 감동합니다.

이성으로 무장한 사람이 혼과 감정을 실어서 대중 앞에서 스피치를 한다면 이루고자 하는 목적을 빈드시 달성할 수 있습니다.

훌륭한 스피치를 향한 첫걸음을 떼기 위해서 삼각형이라는 모델을 염두에 두시고 강한 동기를 느끼시길 바랍니다.

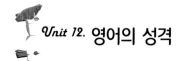

Unit 12. 영어의 성격

영어라는 언어에 대하여 장점을 중심으로 고찰해 봅시다. 영어 연설문을 작성하시는 데 도움이 될 수 있습니다.

첫 번째 강점은 다양성(Variability or Diversity)입니다.

영어의 가장 큰 강점은 동사가 강하고 표현의 범위가 매우 넓다는 점입니다. 비단 동사만 그런 건 아닙니다. 형용사도 상당히 다채롭습니다.

'Quick', 'fast', 'swift', 'rapid', 'speedy', 'zippy' 등의 동의어들만 수십 개가 넘는데 뜻은 대체로 비슷하지만, 시사하는 뉘앙스는 아주 다릅니다.

두 번째 강점은 유연성(Flexibility)입니다.

영어의 또 다른 강점은 유연한 언어라는 것입니다.
명사를 동사로, 동사는 명사로 쉽게 변형할 수 있습니다.

예를 들어, "I am going to foot it to my house."라는 문장을 봅시다.

'foot'은 흔히 발이라고 배웠는데, 이 문장에서는 'foot it'이 농사로 쓰입니다.

조금 어색할 수도 있으나 뜻은 금방 유추할 수 있습니다. 그렇습니다. 영어는 기존의 단어들만으로도 자기 생각을 창의적으로 표현할 수 있습니다.

세 번째 강점은 간결함(Simplicity)입니다.

또한, 영어는 간결합니다.

문법 규칙이 그리 복잡하지 않습니다.

인칭이나 시제에 따라서 동사가 복잡하게 변환되지도 않고 대부분의 유럽 언어들처럼 단어마다 고유의 성별이 있는 것도 아닙니다.

현대 영어는 나중에 설명하겠지만, 앵글로색슨족에게서 유래했으면서 동시에 라틴어나 불어의 영향도 매우 많이 받았습니다.

전자는 강렬하고 세속적이지만, 후자는 차분하며 정교한 문어체입니다.

그래서 영어는 표현의 폭이 큽니다.

영국의 전 수상인 윈스턴 처칠의 유명한 연설을 봅시다.

We shall fight on the beaches, [⋯] in the fields and in the streets, [⋯] in the hills; we shall never surrender(우리는 해변에

서 싸울 것입니다…. 우리는 들판과 거리에서 싸울 것입니다…. 우리는 언덕

에서도 싸울 것입니다…. 우리는 절대로 항복하지 않을 것입니다).

여기서 사용된 모든 단어는 앵글로색슨족에 뿌리를 두지만, 마지막의 영향력(impact) 있는 표현인 'surrender(포기하다)'는 라틴어가 그 어원입니다.

Unit 13. 영어 표현을 구글에서 손쉽게 찾기

하나의 영어로 된 문장을 만드는 일은 항상 쉽지 않습니다.

우리의 모국어가 아니기 때문이죠.

그럼 어떻게 하면 완성도가 높은 문장을 이끌어낼 수 있을까요?

문장의 완성도는 3가지가 필요합니다. 다음과 같습니다.

첫째는 문장을 떠받치는 아이디어이고,

둘째는 문법적 완결이며,

셋째는 적절한 어휘 구사력입니다.

의미와 문법 그리고 어휘라는 3개의 축이 합쳐져서 완성된 하나의 문장을 만들어 낼 수 있습니다.

따라서 아이디어가 없고 문법에 충실하지 못하며 적절한 어휘가 떠오르지 못하면 단 한 줄의 문장도 쓸 수 없습니다.

어찌하면 좋을까요.

누구나 당장 실행할 수 있고 신뢰성 높은 방법이 있습니다.

구글을 활용하면 됩니다. 구글 키워드 검색창에 키워드를 입력해 보십시오.

예를 들어, 구글에 'real', 'estate', 'interest', 'rates'라는 네 단어를 넣어 봅시다. 그러면 파란색으로 표시된 문서의 제목들이 뜰 것입니다.

'Investopedia'라는 웹페이지에서 이런 문장이 뜹니다.

> *Interest rates have profound impact on the value of income-producing real estate property*(금리 수준은 소득을 창출하는 부동산 가치에 심대한 영향을 미친다).

얼마나 건설적이고 좋은 정보가 담겨 있는 문장인가요?

'Have profound impact on A'라는 구조도 배울 수 있을뿐더러, 'income-producing'이라는 새로운 경제 용어와 함께 부동산 자산은 real estate+property와 같이 온다는 것도 인지할 수 있습니다.

이 중 노출 빈도가 가장 높은 기사들, 아니, 심지어 기사 본문에 들어가지 않아도 Thumbnail/Preview 등에서 좋은 표현을 발췌할 수 있습니다.

특히 구글에서 보이는 각 문서의 제목은 저자들이 매우 정성 들여 만든 것입니다. 그래서 문법상의 오류에 대해 크게 걱정하지 않아도 되고 원했던 문장이나 표현을 꺼내오기만 하면 됩니다.

구글에서 답해 준 문장을 참고하여 당신만의 고유한 문장을 재구성해 봅시다.

　이런저런 제목들을 스캔하면서 당신의 콘텐츠를 확장할 수 있습니다. 물론 너무 낳아서 머리가 어지럽지 않도록 주의해야겠지만요.

Unit 14. 이제는 프레임워크의 시대다

필자가 제안하는 방법이 언어를 배우는 데 따르는 모든 난관을 한번에 해결해 줄 수는 없습니다. 마법 같은 만병통치약은 없습니다. 다만 보다 쉽고 효율적으로 언어에 접근하는 하나의 방식을 제시하고자 합니다.

이제 영어를 배울 자료는 정말 넘쳐나는 시대가 되었습니다. 프린터와 컴퓨터만 준비되어 있으면 주옥같이 탄탄한 표현들을 언제 어디서나 조달할 수 있게 된 것입니다.

그러나 이 정보의 바다에서 허우적대면서 시간을 낭비하고 헤맬 이유가 없습니다. 신속하게 목표 지점으로 이동할 수 있는 전략이 필요합니다.

이제는 우리만의 틀(frame), 나만의 룰을 가지고 영어에 접근해야만 합니다.

하나의 공식으로 언어를 전부 담아낼 수는 없지만, 자주 쓰는 패턴들과 프레임을 가진 채 영어를 학습하면 공부가 몇 배는 더 수월해집니다.

우리는 주먹구구식으로 영어를 외워서는 실력이 늘지 않는다는 사실을 잘 알고 있습니다. 영어를 연구한다는 마음으로, 보다 능동적이고 자기 주도적인 자세로 임해 보시길 적극적으로 추천합니다.

Chapter 3.

기죽지 않고
영어로 소통하기

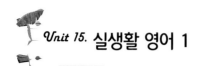

Unit 15. 실생활 영어 1

Everyday English는 주로 수동적인 경우가 많습니다.

어떠한 자극에 대한 반응을 표출하는 방식으로 진행되는 경우가 매우 많습니다.

원어민들과도 기죽지 않고 당당히 소통할 수 있는 비결은 뭐가 있을까요?

우선 긍정의 의미로 고개를 자주 끄덕이세요. 그리고 상대방의 눈을 마주 보고 얘기하세요.

겁에 질러서 천장을 보거나 상대방의 목을 보거나 하지는 마세요. 상대방을 응시하세요.

그리고 대충이라도 알아들을 수 있다면 긍정이나 부정의 의사를 나타내시면 됩니다. "Yes." 또는 "No."만 잘 표현해도 대화의 맥이 끊기지 않습니다.

먼저, 긍정의 의미인 Yes를 살펴보도록 하겠습니다.

※ Yeah
가장 편안하지만 자연스럽고 친화적인 방법입니다.

※ Sure
'그래요', '알겠어요', '저는 찬성이에요' 등으로 쓰입니다.

※ Fine
여기서, fine은 '괜찮다'라는 의미죠.
"I'm fine."은 '저는 괜찮아요', '저는 됐어요'라는 뜻으로도 쓰이지만 마지못해 수긍하는 뉘앙스를 풍기기도 합니다.

※ Of course!
'당연하죠!', '그럼 좋죠!'

※ I'm down!
'저는 좋습니다!', '저는 뜻을 같이하겠습니다!' 등으로 쓰입니다.

높은 수준의 의사 표현 방법은 아니지만, 한번 말문이 막히면 막상 이 정도도 자신 있게 말하기가 쉽지 않습니다.

반대로 부정의 의미인 No의 유형들을 살펴보겠습니다.

※ Sorry
'미안해요', '미안하지만 안 돼'라는 뜻이죠.

※ I can't
'저는 안 돼요', '저는 못 해요'

※ I'm good
'저는 괜찮아요', '저는 좋아요'라는 뜻이 아니라 상대방의 제안을 사양할 때 쓰입니다.

※ I don't like~
'저는 ~를 좋아하지 않습니다' 어떤 행위나 사물이나 생각, 인물이 될 수도 있습니다.

※ I refuse
'저는 거절하겠습니다' 거부 의사가 엄청 명확할 때 쓰입니다.

※ I'm not available.
'저는 시간이 없어요(저는 바쁩니다)'

이처럼 이분법적 사고도 영어를 구사하는 데 도움이 될 수 있습니다. 사실 이분법은 모든 언어의 근본적인 구성 요소입니다.

우리가 선을 이해하기 위해서는 악이라는 개념을 알아야 합니다. 마찬가지로 영어를 사용할 때 'this or that', 'yes or no' 등 두 갈래로 나뉘는 시나리오를 많이 경험하실 겁니다.

결정의 갈림길에 섰을 때 찬성을 할 것인지, 반대를 할 것인지, 긍정적으로 화답할 것인지, 부정적으로 화답할 것인지는 중요합니다.

또한, 접두사를 통하여 의미와 내용을 긍정에서 부정으로, 부정에서 긍정으로 변경하는 방법을 알아봅시다.

'Un-', 'dis-', 'non-', 'im-', 'in-'부터 시작합시다.

※ Un-
- Do(하다)
- Un-do(취소하다)

※ Dis-
- Agree(찬성하다)
- Disagree(반대하다)

※ Non-

- Stop(멈추다)
- Non-stop(계속되다)

※ Im-

- Possible(가능하다)
- Impossible(불가능하다)

※ In-

- Ability(능력)
- Inability(무능력)

매우 간단합니다!

수식어에서도 긍정과 부정이 있습니다. 이를 잠깐 살펴볼까요?

"**Smiling happily**, he entered the room(그는 **행복하게 웃으면서** 방에 들어왔다)."
"**Frowning seriously**, he entered the room(그는 **진지하게 인상을 쓰면서** 방에 들어왔다)."

문을 열고 들어서기 전에 기분이 좋거나 나쁠 수 있습니다. 물론 무표정으로 들어올 수도 있지만요.

영어로 자기소개를 할 때는 어떻게 할까요?

"제 취미는 기타입니다." 이 문장을 영어로는 어떻게 표현하는 게 타당할까요?

이 문장을 교과서식 영어로 직역하면 "My hobby is guitar."입니다. 이게 맞을까요?

이 문장을 매끈한 실전 영어로 직역해 보면 "I enjoy playing the guitar(나는 기타 치는 것을 즐겨 합니다)."가 됩니다. 이렇게 말하고 추가로 부연 설명을 하는 것입니다.

단어 하나, 하나를 직역하는 게 아니라, 내가 요리를 좋아한다는 표현을 다채롭게 하는 게 맞습니다. 물론 처음에는 한국어로 된 생각을 영어로 번역하기에 급급합니다. 그래도 세세한 표현까지 신경 쓰기는 힘들어도, 끄집어내야만 합니다.

영어는 기본적으로 A에서 B로 갈 때 직선으로만 가는 것이 아니라 다양한 곡선과 다양한 길들이 열려 있습니다. 하나의 상황에 처하거나, 하나의 질문을 받았을 때, 여러 가지 방식으로 접근해 보시는 걸 추천합니다. **그리고 영어는 자기중심적인 언어입니다.**

"이름 좀 알 수 있을까요?"라는 질문에 대해서는, "Could you give me

your name?"보다는 "Can I have your name?"이라는 표현을 훨씬 많이 씁니다. 이것이 실생활에서 쓰는 실전 영어입니다.

"저를 아세요?"라는 질문은 "Do you know me?"라고 흔히 번역할 수 있습니다.

그러나 실제로는 "Do I know you?"가 더 많이 쓰인다는 점을 알고 계셨나요?

한국어로는 어색한 표현이지만, 자기를 문장의 주인공으로 배치해야 미국에서는 더 공손하게 들린답니다.

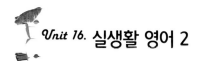

Unit 16. 실생활 영어 2

여기서 실생활 영어에서 등장할 만한 시나리오를 하나 다뤄 보겠습니다. 호텔에서 체크인하는 상황입니다.

"Good afternoon. Welcome to the Sheraton Hotel. How may I help you?"

자, 예약했다고 말씀하고 여권을 보여 주세요.

"I have a reservation. Here."

"Yes, Mr. Park. We've reserved a double room for you with a view of the ocean for two nights. Is that correct?"

확인하는 절차니까 잘 듣고 얼추 맞으면 긍정의 의사를 표시하세요.

"Yes."

"Excellent. We already have your credit card information on file. If you'll just sign the receipt along the bottom, please."

사인해 달라는 이야기입니다.

"Sure."

"Great. Mr. Park, we offer a full Continental buffet every morning, open from 7 to 9:30, you just have to show your room key."

조식 뷔페를 운영하고 있네요. 그냥 방 열쇠만 보여 달라고 합니다.

"Sure!"

"And Mr. Park, would you like to sign up for our Club and enjoy the exclusive perks of being a member?"

무슨 클럽의 회원에 가입할 거냐고 묻네요. 필요 없을 것이니 거절하세요.

"No, I'm good."

"Sure, Mr. Park, here is your room key. To get to your room, take the elevator on the right up to the fourth floor. Turn left once you exit the elevator. A bellboy will bring your bags up shortly."

방 열쇠를 받고 4층으로 올라가라네요. 벨보이가 곧 온답니다.

"Great!"

여러분께서 기본적인 영어 리스닝이 된다는 전제하에 위의 대화에서 긍정이나 부정 의사 표시를 5번 정도 한 게 회화의 전부입니다.

5개의 단어입니다. 충분히 할 수 있습니다. 단답형으로 대화를 이끌어내도 괜찮습니다. 막힘없이, 주저 없이 자극(stimulus)에 대해 바로바로 반응(response)을 보이면 됩니다.

Unit 17. 오늘부터 흥미진진 영어 공부

우리는 영어를 공부할 때 영감을 주고 힘이 넘치는 글들을 찾아서 읽어야 합니다.

가슴이 뛰고 마음에 와닿는 이야기들을 따라가다 보면 영어가 즐거워집니다.

그러나 첫걸음을 떼기 어려울 수 있습니다. 시작하기도 전에 맥이 풀리면서 또다시 영어 공부를 수동적이고 기계적으로 하기 마련입니다.
영어 공부를 하면서 진정한 재미를 영영 느낄 수는 없는 건가요?

아닙니다. 분명 대안들이 있습니다.

자신이 좋아하는 영역이나 취미부터 시작하시면 됩니다. 그리고 그것을 영어로 파고들어 갑니다.
원래 외국어를 배울 때는 어휘 하나, 하나를 배우실 때마다 중독성과

쾌감을 느끼셔야 합니다. 그 과정에서 조금 게으름을 피워도 괜찮습니다.

슈팅(shooting) 게임을 좋아하는 분이라면, 유튜브에 가서 게임 해설자들의 채널을 구독하면 좋습니다.

영어로 "head shot!"이라고 하면서 "Wow, savage(이야, 발라버렸네)!"라고 외칠 것입니다.

이것도 다 영어입니다.

〈스타워즈〉시리즈를 좋아하면 영화에 나오는 캐릭터나 잡다한 트리비아(trivia, 하찮은 상식)들을 읽어 보십시오.

음악이 좋으면 팝송 가사를 달달 외우고, 운동을 좋아하면 NFL(미국 풋볼리그)이나 NBA(미국 프로농구) 중계를 영어로 시청하시면 됩니다.

단기적인 목표 의식을 제쳐두고, 평소에 좋아하는 콘텐츠만이라도 영어로 소비하는 것도 훌륭한 공부법입니다.

팝콘과 나초를 먹으면서 넷플릭스에서 재밌는 미국 드라마를 찾아서 시청하는 것도 좋습니다.

영어만 배울 수 있다면야 조금은 게으름을 피워도 괜찮습니다.

어떤 방식이든지 원어민들의 영어에 노출되는 건 좋은 것입니다.

이처럼 새로운 언어는 기존의 언어만 사용했던 우리에게 자유를 선사합니다. 우리의 사고를 알게 모르게 바꾸어 주기 때문이죠. 영어라는 완전히 다른 언어를 통하여 새로운 문화와 새로운 사고방식을 접하실 수 있으리라고 확신합니다.

영어로 자신의 전문 분야나 직업 관련 글들도 참고해 보십시오. 세상의 대부분의 지식은 영어로 표현되어 있습니다. 학계에서 가장 많이 인용되는 논문들도 대부분 영어로 풀이되어 있습니다. 그러므로 영어는 단순한 의사소통을 넘어서 개념과 지식 획득에 큰 요소로 작용합니다.

영어 강연도 좋습니다. 대표적으로 테드 토크(Ted Talks)는 '양질의 지식 습득'과 '영어 능력 향상'이라는 두 마리 토끼를 잡을 수 있습니다. 언어 및 자기계발 등 다양한 주제들을 18분 이내로 인상 깊게 다루는데, 좋은 강연들은 두고두고 들어도 배울 점이 많습니다. 한글 자막과 같이 보실 수도 있습니다.

하루에 영어에 노출되는 시간을 극대화하는 방법도 있습니다. 스마트폰이나 컴퓨터 등 모든 전자기기의 세팅을 영어로 바꿔 보는 것은 어떨까요? 물론 처음에는 어려워하실 수도 있습니다.

그러나 며칠이 지나면 익숙해지실 겁니다. 애플리케이션이나 설정 이름을 보면서 영어에 대한 노출을 또 한 번 늘립니다.

[필자와 인공지능 챗봇 Zo와의 대화 내역][6]

   인공지능을 활용하는 방법도 있습니다. 요즘은 챗봇(chatter robot)의 발달로 말동무를 해 주는 메신저가 생겨나고 있습니다. 웹사이트나 페이스북 메신저에서 챗봇이랑 대화해 봅시다. 이것은 원어민 대화 파트너를 찾기 어려운 분들께 도움이 될 수 있습니다.

_____

6)   출처: 페이스북 메신저 캡쳐.

당신이 아무 말이나 영어로 던지면, 챗봇이 상당히 재치 있게 대답해 줍니다. 응답은 보통 몇 초 이내로 합니다.

Chapter 4.

영어를 바라보는
새로운 프레임

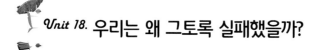

Unit 18. 우리는 왜 그토록 실패했을까?

한국인들에게 있어서 영어는 많은 시간과 돈을 삼키는 영역입니다. 입시와 취업을 위하여 영어 시험을 수도 없이 치르고, 어학연수를 떠나며 원어민 강사에게 영어를 배웁니다.

해외 유학도 다녀옵니다. 그러나, 『The New York Times』나 『Wall Street Journal』은 여전히 어렵고, 외국인들과의 의사소통은 여전히 불편합니다.

영어에 대하여 생각하면 할수록 엄청난 시간을 투입한 것을 알 수 있습니다.

어떤 분야라도 1만 시간을 투입하면 그 분야의 전문가가 된다고 합니다. 그런데 우리 한국인들에게 영어는 1만 시간의 법칙이 작용하지 않는 분야인 듯합니다. 수많은 시간과 비용을 투자했어도 여전히 자신감 있게 표현할 수 없습니다. 그 답답함과 좌절에 대하여 이제 해결책을 찾아보려고 합니다.

　예문을 하나 보겠습니다.
대부분의 현대인은 출퇴근길에 스마트폰으로 영상 등을 봅니다.

　우리 일상의 한 풍경인 "오늘 아침 출근길에 영어 영상을 시청하였다."를
어떻게 영어로 표현할까요?

　영어로는 이렇게 표현할 수 있습니다.

"I watched English video clips **on my way to work** this morning."

　그런데, 막상 해 보려고 하면 '출근길에'라는 표현을 영어로 표현하기가
어렵습니다.

　자칫 'on my way to work'라는 자연스러운 표현 대신에 'commuting
to my office' 같은 어색한 표현이나, 아예 아무것도 떠오르지 않습니다.

　말문이 터지지 않으면서, 영어는 제자리걸음이라는 초조함에 화가 나기
까지 합니다.

그동안 영어 문법 교육도 충분히 받았습니다. 시험을 통과해야 했으니까요.

셰도잉(shadowing) 비법이라고도 부르는 영어 뉴스나 영화, 드라마 따라 하기 또는 무작정 통째로 암기하는 방식도 시도해 봤습니다.

그러나 안타깝게도 이와 같은 방식은 고단하고 비효율적인 방식임이 드러났습니다. 영어 표현은 여전히 스스로 만족스럽지 못하니까요.

전통적인 문법 공부, 무작정 통째로 암기하기 등의 방법이 소용없다면 우리는 어떻게 해야 할까요?

저는 영어에 대한 새로운 프레임을 여러분들과 공유하고자 합니다.

잘 만들어진 프레임은 억지로 어렵게 모든 걸 기억해야 하는 무거운 짐을 덜어 줍니다. 그 결과로 우리는 더 쉽게 영어에 다가서고 내 것으로 만들 수 있습니다.

즉, 새로운 프레임으로 무장된 상태에서는 더 쉽고 빠르게 영어를 구사할 수 있습니다.

Unit 19. 영어는 하나의 공식으로

이 책에 나오는 개념들을 마인드맵으로 정리해 보았습니다.

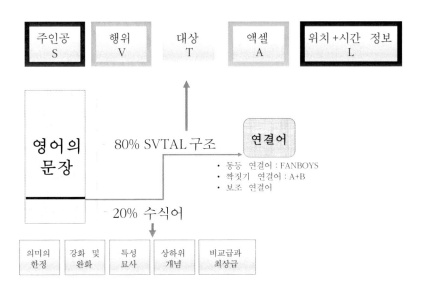

우선 거의 모든 영어 문장의 80% 이상을 차지하는 내용을 볼까요?

바로 다섯 개의 박스로 구성된 새로운 접근 방식입니다.

구두로 말하든, 문체로 쓰든 영어의 대부분의 문장은 주인공, 행위, 대상, 액셀, 위치 및 시간 정보로 구성된 다섯 가지의 박스로 표현할 수 있습니다.

필자가 수많은 문장을 읽고 패턴을 찾아낸 결과입니다.

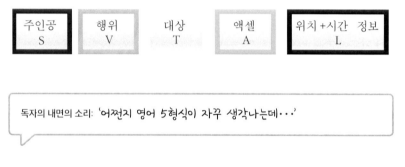

독자의 내면의 소리: '어쩐지 영어 5형식이 자꾸 생각나는데···'

앞서 보셨던 문장을 다시 꺼내 보겠습니다.

"I watched English video clips on my way to work this morning."

이 문장을 다섯 개의 박스로 쪼개어 보겠습니다.

첫 번째 박스: 주인공(Subject)

영어에서 모든 문장에는 반드시 그 문장에 대한 주체인 주인공이 있습니다.

우리말과 영어의 큰 차이점 중의 하나인데, 모든 영어 문장은 '주어-주인공'부터 시작합니다.

"**I** watched English video clips on my way to work this morning."

여기서 주인공은 당연히 'I'입니다.

두 번째 박스: 행위(Verb)

그런데 주인공(subject)은 아무것도 하지 않고 가만히 멍하게 있는 존재가 아니라 어떤 움직임(movements) 또는 행위(action)를 하게 마련입니다.

독자의 내면의 소리: '가만히 있지를 못하는군!'

우리에게 친숙한 동사(verb)라는 품사가 행위를 대표하죠. 그러나 '동사'라고 하는 순간 수많은 동사의 유형들이 같이 떠오릅니다. 자동사, 타동사, 일반동사, be 동사. 사(詞) 자가 들어가는 다른 품사들도 같이 떠오릅니다. 관사, 부정관사, 정관사, 대명사, 전치사, 접속사….

'멘탈이 털털…'

다행히 이 책은 기존의 문법 용어들을 강요하지 않습니다. 모든 품사의 용법이나 격, 종류 등을 인위적으로 정리한 도표도 없습니다. 만일 영문법의 세부적인 디테일이 궁금하시면 언제든지 문법 백과사전을 찾아보시면 됩니다.

그러나 저희가 지향해야 할 것은 완벽한 문법이지만 딱딱한 문장이 아니라 자연스럽게 술술 나오는 문장입니다. 기본 골격은 갖추어서 누가 들어도 이해는 하는 문장입니다. 그런 의미에서 문법도 최대한 쉽고 간결하게 재해석합니다.

그래서 '동사'라는 표현보다 '행위'라고 쓰겠습니다. 그게 실질적인 기능이기 때문입니다.

"I **watched** English video clips on my way to work this morning."

이 문장에서 행위는 '<u>watched</u>'입니다.

세 번째 박스: 대상(Target)

그런데 동사로 표현되는 행위는 그 행위가 지향하는 대상(target)을 동반합니다.

가끔 대상 없이 동사 그 자체로 완결되는 경우도 있지만, 절대다수의 문장에서 동사는 대상과 함께 움직입니다.

우리의 주인공은 문장 내에서 어떠한 행위를 합니다. Eat(먹다), Hit(때리다), Teach(가르치다) 등. 그런데 이 행위가 무엇에게 행해졌는지 궁금해지죠?

이때 주인공의 행위가 지향하는 대상이 바로 Target입니다. 간단합니다.

짐작하셨겠지만, 바로 전통적인 문법에서 목적어라고 부르는 부분과 흡사합니다.

그러나 '목적어'라는 우리말 번역은 그 뜻이 상당히 모호합니다.

우리는 타동사 뒤에 목적어가 이어진다고 배웠지만, 정확히 목적어의 기능을 이해하지 못한 분들이 의외로 많습니다. 목적이 있는 명사인 것인지, 문장의 최종 목적지인 것인지 등 머릿속에 질문들이 맴돌기도 합니다.

> 독자의 내면의 소리: '맞아. 목적어···. 좀 거슬리더라···. 나도 모르게 목적어부터 찾게 되고 거꾸로 분석하게 되고 말이야···.'

그래서 명확하게 하고자 합니다. 소위 '목적어'는 행위를 받는 인물이나 사물일 뿐입니다. 핵심은 '행위'입니다. 행위의 성격이나 상태를 먼저 보고 이어서 대상(target)을 보면 훨씬 해석하기 쉽습니다.

"I watched **English video clips** on my way to work this morning."

'**English video clips**'가 내가 시청하는 대상(target)이 됩니다.

네 번째 박스: 액셀(Accelerator)

네 번째 넝어리는 액셀러레이터입니다. 이하 편의상 액셀이라고 줄여서 부르고자 합니다.

> 독자의 내면의 소리: '자동차의 그 액셀?'

주인공과 행위 그리고 대상까지만 해서 문장이 끝난다면 영어는 딱 세 단어로도 충분하겠습니다.

그러나 현실은 그렇지 않습니다.

> 독자의 내면의 소리: '안 돼!'

대상에 이어서 추가 정보가 제공됩니다! 이 추가 정보는 대상에 대한 부가 설명일 수도 있고, 주인공이나 행위에 대한 수식일 수도 있습니다.

중요한 것은 새로운 정보가 등장하면서 3형식(주어+동사+목적어)으로 배웠던 간단한 문장이 또다시 앞으로 나아간다는 사실입니다.

운전할 때 액셀을 지그시 밟으면서 속도가 나듯이, 우리의 영어도 이 '액셀'이라는 추가 정보를 통하여 앞으로 나아갑니다. 이 가속 구간은 상당히 중요합니다.

독자의 내면의 소리: '헐···. 운전도 무서운데, 영어 문장도 가속해야 하는 거야?!'

영어에서도 가속하지 않으면 실력이 늘지 않습니다.

'찔끔'

자, 예문을 봅시다. "I watched English video clips."와 같이 주인공, 행위, 대상으로만 해도 하나의 문장(sentence)이 완결될 수도 있습니다.

그러나 여기에 '출근길에(on my way to work)'라는 표현을 추가해야 말하는 이가 의도한 문장이 탄생합니다.

출근길이라는 새로운 정보가 실리면서 더 많은 정보를 전달하고 더 많은 이야기를 할 수 있습니다.

다섯 번째 박스: 위치 및 시간 정보(Locator)

Locator는 문장(sentence) 맨 앞이나 뒤에서 위치 정보 또는 시간 정보를 표시합니다.

독자의 내면의 소리: '왜 위치(location)를 대표로 했지? 시간(time)이 섭섭하게 ··· 아마 짧게 줄여서 말하려고 그런 것 같네. 작가가 공간을 시간보다 더 좋아하나 봐'

그렇습니다. 편의상 locator라고 했습니다. 내비게이션을 떠올려보세요. 주로 위치를 표시하지만, 시간도 같이 표시하죠.

독자의 내면의 소리: '헐···. 내 목소리가 들리나?'

즉, 주인공→행위→대상→액셀(추가 정보)에 이어서 위치나 시간에 대한 정보를 제공합니다.

> "I watched English video clips on my way to work **this morning**."

여기서 '**this morning**'이 locator에 해당합니다.

물론 이 '위치 및 시간 정보' 역시 액셀과 마찬가지로 '추가 정보'로 볼 수 있습니다.

> 독자의 내면의 소리: '맞아! 둘이 어떻게 다른가요?'

그러나 따로 '위치 및 시간 정보'라는 덩어리를 추가한 이유는 이 유형의 정보가 유독 자주 등장하기 때문입니다.

> 독자의 내면의 소리: '자주 나오는 것 위주로 특별히 덩어리를 만들었구나!'

우리가 언어를 사용할 때 위치나 시간과 같은 시공간의 개념은 매우 중요합니다. 몇 시에 만날 건지, 어디서 모일 건지 등의 정보는 문장의 완성도에 있어서 필수적입니다. 그리고 이러한 위치나 시간에 관한 정보는 대부분 문장 맨 끝부분에 위치합니다.

그림으로 한 번에 살펴보겠습니다.

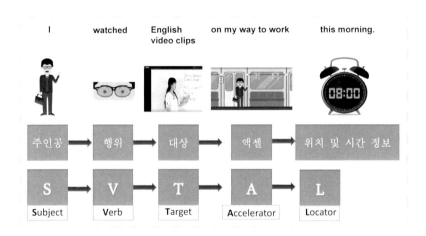

독자의 내면의 소리: '네! 그림 주세요!'

어떠신가요? 우리가 한글을 좌에서 우로 읽듯이, 영어 문장도 똑같이 왼쪽에서부터 오른쪽으로 흘러갑니다.

상기 구조에 맞지 않는 문장을 찾으셔서 반례를 찾으실 수도 있습니다.

물론입니다. 문장 구조는 다양하게 나타날 수 있으며 언어는 상당히 유연합니다.

다만 누가 들어도 가장 논리적이고, 문법적으로 완전하며, 뜻을 명확하게 전달할 수 있는 골격을 제공한 것입니다.

영어의 5형식은 잊으서도 됩니다. 위의 5가지 덩어리들만 기억하신다면 자기 생각을 막힘 없이 표현할 수 있습니다. 이제부터 하나씩 짚어드리겠습니다.

Unit 20. 영어 문장은 다섯 가지 박스로 구성된다

앞에서 말씀드린 다섯 개의 박스만을 가지고 영어를 다시 읽고 다시 쓰며 다시 말하고자 합니다.

주인공부터 행위 그리고 대상까지는 비교적 이해하기 쉽습니다.

그러나 문제는 그다음에 나오는 추가 정보입니다.

액셀이라는 덩어리 그리고 위치나 시간에 관한 정보. 이 두 가지는 문장의 추가 정보로서 문장의 가치를 끌어올려 줍니다.

실제로 말하는 이나 저자가 의도한 핵심적인 정보는 주인공, 행위, 대상을 지나서 그다음에 배치되는 경우가 많습니다.

한국말도 끝까지 들어야 한다고 하죠? 영어도 사실 그렇습니다. 문장 끝에 더 무게를 두었다 하여 'end-weighted'라고 표현하기도 합니다.

단언컨대 대부분의 영어 문장들은 이처럼 **주인공**(Subject) + **행위**(Verb) + **대상**(Target) + **액셀**(Accelerator) + **위치 및 시간 정보**(Locator)**의 형태를 띱니다.**

각 단어의 앞글자만 따면 'S+V+T+A+L'이 됩니다.[7]

앞으로 편의상 'SVTAL' 구조라고 칭하겠습니다. 이 다섯 개의 글자를 기억하시길 바랍니다.

> 독자의 내면의 소리: '에스. 브이. 티. 에이. 엘. 혀는 조금 꼬이는 느낌!'

외우기 힘드시죠? 저도 편의상 'Super Vivid TALK(아주 생생한 토크)'를 떠올립니다.

이렇게 영어를 읽고 표현하는 획기적인 방안을 제시합니다.
물론 다섯 개의 박스가 만사형통은 아닙니다.

> 독자의 내면의 소리: '그래. 나도 이 만사형통이란 말에 여러 번 속았지!'

---

7) S=Subject(주인공), V=Verb(행위), T=Target(대상), A=Accelerator(액셀), L=Locator(위치 및 시간 정보).

앞서 말씀드렸듯이 다섯 개의 박스만으로 모든 영어 문장을 만들 수는 없습니다.

하지만 다섯 개의 박스를 모르고 내면화되지 않은 상태에서 하는 영어 공부는 자칫하면 매우 비효율적인 공부가 되기 쉽습니다. 아니면 정체 상태에 영원히 빠질 위험이 있다는 점을 강조하고 싶습니다.

독자의 내면의 소리: '진짜?'

"나는 그녀가 친절해서 너무 좋아."라는 문장은 영어로 이렇게 표현할 수 있습니다.

"I love her for being so kind."

위의 문장에선 'for being so kind'가 액셀의 역할을 하면서 새로운 정보를 실어 나르고 있습니다.

그런데 "I love her"까지는 입이 어떻게든 떼어져도 그다음 "for being so kind"라는 부가 정보는 좀처럼 떠오르지 않습니다.

독자의 내면의 소리: '쉬운데, 막상 하려니 너무 힘들어'

왜 그럴까요?

액셀이라는 추가 정보가 아직은 우리 머릿속에 내재되어 있지 않기 때문입니다.

독자의 내면의 소리: '너는 머릿속에 들어 있단 말이지? 역시 잘났군! 아니, 욕하면 안 되지. 나를 위해서 조언하는 건데. 미안'

추가 정보를 감안하지 않으면 'how you spent yesterday'라는 표현을 아예 꺼낼 수 없습니다. 이건 무작정 다양한 표현을 무수히 암기한다고 해도 입 밖으로 바로 나올 수 없습니다.

무작정 암기하기만 하면 우리의 에너지만 소진될 뿐, 여전히 어려움을 겪게 될 것입니다.

또 하나의 예를 들겠습니다.

"We provide our guests **with** free WI-FI service and complimentary breakfast from 6AM to 9AM at Rosemary Hall(저희는 투숙객에게 무료 와이파이 서비스와 아침 6시부터 9시까지 로즈마리 홀에서 조식을 제공하고 있습니다)."

여기서 액셀에 해당하는 추가 정보는 '**with** free WI-FI service and complimentary breakfast(무료 와이파이 서비스와 무료 조식)'입니다.

'We provide our guests'만으로는 별다른 정보 가치가 없는 빈껍데기 문장이지만, 'with free WI-FI service and complimentary breakfast'라는 액셀을 통하여 새로운 정보가 더해지면서 하나의 문장이 완결됩니다.

이 문장이 전달하고자 하는 핵심 정보는 무료 와이파이와 아침 식사가 제공되는지였기 때문입니다.

이러한 핵심 정보는 대부분 문장 후반부에 위치합니다.

> 독자의 내면의 소리: '그래, 우리 엄마도 항상 사랑은 끝이 좋아야 한다고 하셨어!'

시간 및 위치 정보(Locator)에 해당하는 부분은 그다음에 나옵니다.
'from 6AM to 9AM(아침 6시부터 9시까지)'는 시간 정보, 그리고 'at Rose-

mary Hall(로즈마리 홀에서)'은 위치 정보가 됩니다.

여기서 시간 정보와 위치 정보는 순서가 바뀌어도 상관없으니 크게 염려 마십시오.

예를 들어 "We provide our guests with […] at Rosemary Hall from 6AM to 9AM."도 맞는 문장입니다.

여기서 잠깐!

Q. 기존 영어 학습법이나 문법 교재들과는 상당히 달라 보입니다. 왜 그런가요?

A. 그동안 우리는 많은 좌절을 겪었습니다. 왜 말이 나오지 않을까? 왜 문장을 시작하지도 못하고 엉거주춤한 상황에 있을까? 왜 말문이 막히고 마음을 제대로 표현하지 못할까? 영어는 습관이자 관행이니 반복하고 암기만 하라고 배웠지만, 원하던 성과를 거두지 못하신 분들이 많습니다. 이는 비단 우리의 개인적인 노력이 부족해서가 아닙니다.

> 독자의 내면의 소리: '맞아, 맞아'

언어는 최대한 쉽게 가르쳐야 하고, 뇌가 빨리 지치지 않도록 해야 합니다. 그러나 우리는 한 개의 공식, 한 개의 구조를 모른 채 어려운 단어와 복잡한 수식어에만 집중해 왔습니다. 영어의 탄탄한 구조를 모르고서는 공부에 시간을 많이 들인다고 해도 옆구리가 계속 새어 나가는 항아리에 물을 붓는 꼴입니다. 이렇게 되면 정보의 흡수 능력이 현저히 떨어질 수밖에 없습니다. 하나의 공식을 모르니까 말을 못 꺼내고, 글도 못 쓰고, 소리도 안 들리며 이러한 삼중고를 겪기 때문에 바로 무너지기 마련입니다. 영어 수준이 계속 제자리일 수밖에 없죠.

> 독자의 내면의 소리: '헉, 어떻게 알았지?'

이런 악순환의 경험에서 탈출하는 방법을 제안하고자 합니다.

> 독자의 내면의 소리: '정말?'

필자는 한 개의 공식으로 처음부터 끝까지 영어 공부에 접근할 것입니다.

> 독자의 내면의 소리: '헐!'

파격적인 주장이지만 그렇습니다. 어떠한 상황에서도 자신을 표현할 수 있는 표준값을 가지게 될 겁니다. 우리는 영어를 사용하는 전형적인 시나리오들에 익숙하지만, 막상 그 상황에 처하면 떠오르지 않습니다.

우리가 편한 마음으로 문장을 읽어 내고 만들어 내려면 쉬운 구조에 기반하여 영어를 공부해야 합니다. 하나의 구조만 알면 영어의 모든 문장을 정보 제공의 측면에서 이해할 수 있습니다.

다섯 가지 덩어리에 기반한 필자의 구조는, 모든 문장을 기능적으로 분석합니다. 또한, 우리는 이를 통해 영어를 더 깊게 이해하게 됩니다.

아무리 낯설고 어려운 문장이더라도 이 구조에 차분하게 대입시키면 기억에 오래 남습니다. 필자는 여러 사람에게 이러한 구조를 설명하면서 그 효과를 보았습니다. 독자 여러분도 이 구조를 통하여 영어 문장을 쉽게 해독하고 생산해낼 수 있을 것으로 생각합니다.

'기대할게요!'

여기서 기존의 문법과 이 책의 문법 풀이 방식을 한번 비교해 보겠습니다. 기존 문법의 무한 반복 암기나 중요한 공백을 채우고자 합니다.

기존 문법	프레임 잉글리쉬 문법
1, 2, 3, 4, 5 형식 문장.	S + V + T + A + L 문장.
주어 + 동사 + 목적어 또는 보어 + 목적어 또는 보어	주인공 + 행위 + 대상 + 액셀 + 위치 및 시간정보
수식어.	**수식어.**
형용사적 또는 부사적 수식어로 크게 분류	5가지 기능에 의한 분류: 의미의 한정, 강화 및 완화, 특성의 묘사, 상·하위 개념, 비교급과 최상급
관계대명사 , to - 부정사	➡ 액셀에 포함
등위 접속사 , 상관 접속사 , 종속 접속사	➡ 동등 연결어 , 짝짓기 연결어 , 보조 연결어로 간단하게 순화

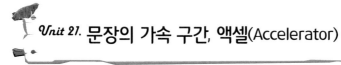

Unit 21. 문장의 가속 구간, 액셀(Accelerator)

앞서 보았듯이 문장 내 다섯 가지 요소(components)들은 다음과 같습니다.

1) 주인공

2) 행위

3) 대상

4) 액셀

5) 위치 및 시간 정보

영어의 대다수 문장은 상기 요소들로 구성되어 있습니다.

'S+V+T+A+L'이라는 문장 박스들을 꿰뚫고 있어야 합니다.

주인공인 S와 행위인 V를 빼고 나면 '**TAL 구조**'라고 표현하고자 합니다. 우리말로 탈(脫)구조라고도 읽힐 수 있겠죠? 이처럼 저의 프레임은 복잡한 문장 구조에서 벗어나 하나의 공식만을 지향합니다.

독자의 내면의 소리: '쉽게 설명하려는 노력이 엿보이는군!'

우리는 이미 'S(주인공) + V(행위) + T(대상)'라는 이 세 가지 요소에는 익숙한 편입니다. 이 세 단어의 배합만 잘 숙지해도 사실 영어는 대체로 해결됩니다.

여기서 추가 정보를 액셀을 이용해 더해 줍니다. 한마디로, 가속 페달을 밟아서 문장을 더 확장시킵니다.

예를 들어 보겠습니다.

"We should pursue a new grand strategy to deal with a new situation(우리가 새로운 상황에 대응하기 위해서는 새롭고 큰 규모의 전략을 추구하여야 합니다)."

독자의 내면의 소리: '있어 보인다···.'

"우리는 새롭고 큰 규모의 전략을 추구하여야 합니다."라는 문장까지는 주인공과 행위, 대상으로만 이루어져 있습니다.

"**We**(주인공) **should pursue**(행위) **a new grand strategy**(대상)."

여기에 'to deal with a new situation'이라는 액셀을 실어봅시다.

그러면 큰 규모의 전략에 대한 목적 또는 동기가 설명되면서 문장이 완결됩니다.

"**We**(주인공) **should pursue**(행위) **a new grand strategy**(대상) **to deal with a new situation**(액셀)."

더욱 간결한 예를 하나 더 들어볼까요?

"I eat food."라는 문장도 주인공과 행위, 대상으로만 이루어져 있습니다.

그러나 "나는 **살기 위해** 밥을 먹어요."라는 뉘앙스를 풍기려면 어떻게 해야 할까요?

주인공, 행위와 대상은 그대로 유지한 채 'to live'만 대상 뒤에 배치합니다.

"**I**(주인공) **eat**(행위) **food**(대상) **to live**(액셀)."

'to live'는 문장의 목적이나 동기에 대한 설명을 제공합니다.

여기서 'to live'라는 to 부정사(infinitive)는 미래나 목적지를 표현하는 역할을 합니다.

독자의 내면의 소리: '아아, 너무나 지겨운 to 부정사!'

문법 교과서의 설명을 따르면, 'To infinitive'는 가능성이 다양한 부정사(不定詞)로서, 동사 원형을 그대로 활용하여 조건, 목적, 원인, 결과 등을 표현한다고 설명합니다.

'끔찍했어요…'

물론 틀린 설명은 아닙니다. 그러나 지겹습니다.

그래서 쉽게 우리의 'SVTAL' 모델로 편입시키려고 합니다.

바로 대상(Target) 뒤에서 추가 정보를 제공하는 액셀의 한 모습으로 to 부정사를 봐야 합니다.

'To infinitive'라는 용어를 몰라도, 액셀이라는 개념을 잘 이해하면 영어를 구사하는 데 절대적인 도움이 됩니다.

다시 문장을 보겠습니다. "I eat food **to live**."라는 문장은 '살기 위해'라는 요소는 새롭고 유익한 정보를 제공해 주지 않는가요?

> 독자의 내면의 소리: '정말 to 부정사를 깔끔히 포기하고 액셀의 한 기능으로만 보면 되는 거죠?'

'to live'는 문법적인 규칙이나 설명을 다 떠나서 내가 왜 음식을 먹는지에 대한 이유를 제공하기 때문입니다.

Unit 22. 액셀, 한 걸음 더

액셀은 문장을 구체화해 주고 새로운 정보를 추가하는 것이라고 계속 생각합시다.

다시 말씀드리면 주인공이나 행위, 대상이 있으면 그것들에 대해 궁금증이 생기기 마련입니다.

주인공이 왜 그 행위를 했는지, 어떻게 했는지, 또 대상과 어떻게 연관되어 있는지 등에 대한 추가 정보가 필요합니다.

'주인공+행위+대상'으로만 하나의 상황을 묘사하면 디테일이 부족할 때가 많기 때문입니다. 이것이 소위 3형식의 한계입니다.

물론 우리는 4형식(주어+동사+간접 목적어+직접 목적어)과 5형식(주어+동사+목적어+목적격 보어)이라는 조금 더 복잡해 보이는 구조도 배웠습니다.

그러나 목적격 보어와 직접 목적어도 사실상 다 추가 정보를 담는 품사들일 뿐이며 액셀로 하나로 묶어서 보시면 됩니다.

※ 4형식

"Can you(주어) pass(동사) me(간접 목적어) the salt(직접 목적어)?"
- "나한테 소금 좀 갖다 줄래?"

'직접 목적어', '간접 목적어'라는 용어 표현이 아직도 머리를 지끈거리게 합니다. 먼저 나오는 것이 간접 목적어인지, 왜 간접이라고 표현하는지도 헷갈립니다.

그러나 저희의 구조는 너무나 간단합니다.

※ SVTAL

"Can you(주인공) pass(행위) me(대상) the salt(액셀)?"

주인공은 당신이고, 행위는 갖다 주는 것이며, 행위가 지향하는 대상은 바로 나입니다. 여기서 추가 정보가 소금이 되는 구조입니다.

독자의 내면의 소리: '오호'

또 볼까요?

※ 5형식

"I(주어) want(동사) my daughter(목적어) **to be a doctor**(목적격 보어)."

- "나는 내 딸이 의사가 되길 원해."

목적격 보어는 또 무엇인가요?! '보어(補語)'라는 용어 역시 그동안 머리에 와닿지 않는 번역이었습니다. 세련된 표현은 아닌 듯합니다.

> 독자의 내면의 소리: '맞아. 보어는 어렵게 느껴졌어'

우리는 그동안 5형식에서는 목적어 다음에 목적격 보어가 나온다는 식으로 외웠습니다.

그러나 사실상 대상에 이어서 바로 추가 정보를 제공하는 역할일 뿐입니다.

※ SVTAL

"I(주인공) want(행위) my daughter(대상) **to be a doctor**(액셀)."

'의사가 되는 것'은 추가 정보일 뿐입니다.

2형식에서 봤던 '주어+동사+주격 보어'라는 것은 상태 동사일 때 목적어 대신 '보어'라고 구분한 것인데, 이게 어렵습니다.

상태 동사는 뒤따라 나오는 '보어'를 직접 겨냥하진 않기 때문에 대상으로 보기 힘듭니다. 그러므로 추가 정보인 액셀로 취급해야 합니다. 이 부분은 '행위' 유닛에서 상태 동사를 다룰 때 다시 설명하겠습니다.

자, 5형식에서의 목적격 보어와 4형식에서의 직접 목적어, 그리고 2형식에서의 주격 보어는 전부 액셀로 보면 된다고 설명해 드렸습니다.

그렇다면 영어는 결국 '주인공+행위+대상'이라는 세 단어에 추가 정보인 액셀을 덧붙이는 구조입니다. 만약 대상이 없으면 바로 액셀이 나옵니다.

즉, 'S+V+T+**A**+L' 혹은 'S+V+**A**+L'이라는 두 구조로 영어의 5형식과 모든 문장의 유형이 설명됩니다.

기억하시길 바랍니다. 영어 문장에서 정보의 흐름은 낮은 곳에서 높은 곳으로, 옛날 것에서 새로운 것으로 옮겨갑니다. 그래서 액셀도 문장의 후반부에 배치되어 새로운 정보를 제공해 주는 역할을 수행합니다.

또 다른 예를 들어보겠습니다.

"You should focus on the right path **to achieve success**(성공하기 위해선 당신은 올바른 길에 집중해야 합니다.)"

문장을 다시 한번 읽어보세요. 여기서 to로 시작되는 이하 구절은 하나의 목표를 설정해 줍니다.

'몸으로 느낄 만한 성과를 내는' 목표 말이죠.

이 부분을 액셀이라고 합시다. To 부정사라는 표현은 잠시 잊으셔도 됩니다.

독자의 내면의 소리: '그래. to 부정사는 제쳐두고 한번 보자'

"I(주인공) **went to**(행위) **the supermarket**(대상) **to buy some groceries**
(액셀)."

"나는 마트에 갔다."까지는 비교적 구사하기 쉽습니다. 그러나 "나는 장
을 보기 위해 마트에 갔다."라는 완결된 문장을 구사해야죠. 그러려면 대
상 바로 뒤에 to 부정사를 이용하여 '마트에 간 이유'에 대한 추가 정보를
제공하면 됩니다.

조금 더 고난도 문장을 볼까요?

"The parents scouted a personal counselor **to raise the child's grades**(학
부모들은 자녀의 성적을 올리기 위해 개인 학습 코디를 고용했다)."

Unit 23. 액셀-관계대명사의 역할

관계대명사(relative pronoun). 이 무시무시한 단어를 들어 보셨을 겁니다. 흔히 기존 문법책에선 접속사와 대명사의 역할을 동시에 하는 것이라고 풀이하곤 합니다. 그러나 단번에 이해하는 데는 많은 이가 어려움을 겪습니다.

관계대명사의 선행사, 주격, 소유격 그리고 목적격을 정리하는 도표도 역시 많이 보셨을 것입니다. 다양한 경우의 수를 외우려고 하면 머리가 지끈거립니다.

'지금도 지끈거려…'

그래서 관계대명사의 기능도 우선 제가 줄곧 제시한 'SVTAL 모델'[8] 안에서 직관적으로 이해해야 합니다.

> 독자의 내면의 소리: '엥, 관계대명사도 이 모델로 설명할 수 있다고?'

액셀은 대상 뒤에 나오는 추가 정보라고 말했습니다. 그리고 주인공이나 행위 또는 대상을 수식해 주곤 합니다.

그러나 관계대명사의 경우, 대상 뒤에서 대상을 바로 수식해 줍니다.

"Life is beautiful for people **who have a positive mindset**(긍정적인 사고를 하는 이들에겐 인생이 아름답다)."

'who have a positive mindset'이라는 관계대명사절은 'people'에 대한 정보를 완결시켜 주는 역할을 합니다.

표준적인 문법에서는 관계대명사가 선행사를 설명한다고 풀이합니다.

선행사가 사람이면 'who', 사물이면 'which'를 쓴다고 합니다.

그러나 핵심은 그것이 아닙니다. 중요한 핵심은 관계대명사는 대상 뒤에

---

8) Subject, Verb, Target, Accelerator, Locator. 각 단어 맨 앞의 첫 글자를 따서 SVTAL 모델이라고 부릅니다.

서 대상을 바로 수식해 준다는 사실입니다. 또 다른 예를 들어봅시다.

"I live in a country **which is famous for beautiful mountains and rivers**(나는 아름다운 산천으로 유명한 나라에 살아요)."라는 문장이 있습니다.

매우 평범한 단어들로만 구성된 문장 구조인데, 막상 영어로 표현하려고 하면 잘 안 됩니다. 즉각적인 표현이 나의 손과 나의 입에서 나오지 않습니다. 다음을 봅시다.

'I live in a country'까지의 '주인공(Subject) → 행위(Verb) → 대상(Target)'의 구조는 이해가 될 것입니다.

> 독자의 내면의 소리: '여기까진 오케이'

그렇다면 밑줄이 쳐진 이 길고 긴 구절은 무엇일까요? 바로 관계대명사 which가 등장합니다. 대상에 대한 추가 정보를 대상 바로 뒤에서 제공해 줍니다.

> 독자의 내면의 소리: '알겠어. 근데 주인공 뒤에 올 수는 없는 거야?'

"That boy **who is studying English**(관계대명사) is my son(영어를 공부하는 그가 내 아들이다)."

관계대명사가 주인공 뒤에 올 수도 있습니다. 그러나 대부분의 경우 문장이 필요 이상으로 복잡해집니다. 또는 다음과 같이 관계대명사가 생략되면서 주인공+행위+대상만 남을 수도 있죠.

"That boy studying English is my son."

자, 다음을 기억합시다.

<u>Who</u>, <u>whom</u>, <u>whose</u>, <u>which</u>, <u>that</u>, <u>what</u>, <u>why</u> 같은 관계대명사는 대상 뒤에 오게 되면 ─주로 그렇습니다─ 액셀이 등장합니다.

명사인 대상 뒤에서 **대상을 직접 수식해 주는 것**이 액셀이 관계대명사절로서 가지는 기능입니다.

액셀이 새로운 정보를 제시하면서 S+V+T 이후의 새로운 세계로 인도해 줍니다.

"You should write a speech **that moves people**(사람들의 마음을 움직이는 스피치를 쓰셔야 합니다)."

이번엔 'that'이라는 관계대명사가 등장합니다.

가장 간단하고 만능 관계대명사인 이 'that'을 문장에서 발견한 순간, 하나의 경종이 머릿속에서 울려야 할 것입니다.

그 경종은 '이제부터 중요한 정보가 나옵니다!'라는 경종입니다.

독자의 내면의 소리: '오, 멋지네!'

그렇습니다. 관계대명사절은 대상인 'speech'에 대한 부가 정보를 제공합니다. 바로 '사람들의 마음을 움직이는'이라는 정보가 대상 뒤에 배치되는 것입니다.

"Do you still remember the day **when we met together three years ago**(우리가 3년 전에 처음 만났던 그 날을 아직도 기억하나요?)?"

마찬가지로 '우리가 3년 전에 처음 만났던'이라는 추가 정보는 대상인 'day' 뒤에 오면서 '그날(the day)'을 수식해 줍니다.

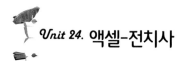

Unit 24. 액셀-전치사

전치사는 Subject(주인공)나 Target(대상)을 '업데이트'해 주는 역할을 수행합니다.

> 독자의 내면의 소리: '음···.'

구체적으로는 주인공 또는 대상의 행동(Movement)이나 상태(State)를 보완합니다.

달리 말해서, 전치사가 주인공이나 대상의 행동을 보완할 때는 어떠한 기준점을 두고 상대적인 방향을 설정하는 드라이버(driver)라고 봐도 괜찮습니다.

> 독자의 내면의 소리: '살짝 어려운데···.'

"We need to create stable conditions **for** foreign investors(우리는 외국인 투자자들에게 안정적인 투자 환경을 조성할 필요가 있습니다)."

'**for**'라는 전치사가 '외국인 투자자들에게'라는 방향타 역할을 하면서 정보의 가치를 끌어올립니다.

> 독자의 내면의 소리: '재미난 예문 좀 없나?'

- "The government placed an order **for** hundreds of military equipment(정부는 대량의 군사 장비를 주문하였습니다)."
- "She served her country **with** dignity(그녀는 명예롭게 조국을 위해 봉사했습니다)."
- "Becoming a good student requires effective use **of** time(좋은 학생이 된다는 것은 시간을 효율적으로 활용한다는 것입니다)."

또 다른 예를 복습 차원에서 '주인공+행위+대상+액셀+위치 및 시간 정보(S+V+T+A+L)' 구조를 통해 살펴보겠습니다.

"**Our experience in Singapore,**"
- Subject(주인공)

"Our experience in Singapore **led to making**."
- Verb(행위)

"Our experience in Singapore led to making **decisions**."
- Target(대상)

"Our experience in Singapore led to making decisions **on which policies to implement** at home."
- Accelerator(액셀)

"Our experience in Singapore led to making decisions on which policies to implement **at home**."
- Locator(위치 정보)

독자의 내면의 소리: '하나씩 붙여 가니까 재미있군'

상대적으로 어려운 문장이고 대다수의 한국인이 구사하기 어려운 구조입니다. 이 정도를 완전하게 구사하실 수 있다면 독자 여러분의 영어는 이미 수준급이십니다.

여기서 주인공 박스는 '싱가포르에서 우리의 경험', 즉 'Our experience in Singapore'입니다.

행위 박스는 '~하게 되도록 이끌다', 즉 'led to making'입니다. 행위는 하나이지만 동사는 두 개입니다. 'Led(이끌다)' 그리고 'making(만들다)'입니다. '이끌게 만들다', 즉 '유도하다'라는 뜻입니다.

대상 박스는 'decisions', 즉 결정입니다.

그럼 싱가포르에서 결정을 하게 되도록 이끈 것인데, 어떤 결정인지에 대한 설명이 필요합니다.

'on'이라는 전치사에서부터 그 설명이 시작됩니다.

신호(signal)를 기억하세요. 이제부터 중요한 정보가 나옵니다.

액셀 박스입니다. 'on which policies to implement'는 '어떤 정책들을 시행할지'라는 뜻으로 풀이됩니다.

어려우시면 덩어리를 쪼개십시오. 'on which policies(어떠한 정책들을)'+ 'to implement(시행하다)'

마지막으로 위치 정보입니다. 'at home'은 모국(본국)을 말합니다.

종합해 보면, 싱가포르에서의 우리 경험은 본국에서 어떠한 정책들을 시행할지에 대한 결정으로 이끌어 준 것입니다.

상기 예문들에서 보다시피 액셀을 파악하는 데는 전치사의 역할이 매우 중요합니다.

전치사는 거의 모든 문장에 담겨있기 때문입니다.

하지만 150개 이상의 상용되는 전치사를 인위적으로 분류하는 것은 무리입니다.

우선 가장 자주 상용되는 전치사 25개부터 살펴봅시다.[9]

① of(~의)   ② in(~의, ~에서)
③ to(~에게, ~로)   ④ for(~를 위해)
⑤ with(~와, ~랑 함께)   ⑥ on(~에서)
⑦ at(~에서)   ⑧ from(~로부터)
⑨ by(~로서, ~를 통해)   ⑩ about(~에서)

---

9)   출처: www.wordfrequency.info

⑪ as(~할 때, ~와 같이)　　　⑫ into(~로)

⑬ like(~같이)　　　⑭ through(~로, ~를 통해)

⑮ after(~후에)　　　⑯ over(~건너)

⑰ between(~사이에)　　　⑱ out(~밖으로, ~외에)

⑲ against(~에 대해서 대치되다)　　　⑳ during(~동안)

㉑ without(~없이)　　　㉒ before(~전에)

㉓ under(~밑에, ~하에)　　　㉔ around(~근처에)

㉕ among(~틈에)

이것들만 확실히 숙지해도 됩니다.

> 독자의 내면의 소리: '다행이다'

그리고 나머지 전치사들은 지금 일일이 외우지 않습니다.

> 독자의 내면의 소리: '정말 다행이다!'

어차피 외운 대로 나오지도 않고 자연스럽게 문장 흐름 속에서 파악하는 게 중요합니다.

'동사의 앞뒤에 배치된 다른 것'이 문장에 있을 때 전치사로 추정해도 무방할 것입니다.

독자의 내면의 소리: '예문 좀 주세요'

"You should drive **through** the tunnel(터널 안으로 진입하셔야 합니다)."

'Drive'라는 동사는 익숙합니다. 'Tunnel'이라는 대상도 마찬가지입니다. 그러나 중간에 'through'라는 단어가 있죠? 바로 '~를 통과하다'라는 의미입니다. 대략 행위인 'drive'의 방향성을 정해 주는 존재라고 보면 됩니다. 문장의 완성을 위해선 꼭 필요한 전치사입니다.

"Money comes **after** health(돈은 건강보다 중요하지 않습니다)."

여기서 'comes'는 '오다'라는 뜻이고 'health'는 '건강'을 의미하죠. 그렇다면 '돈이 오다'와 '건강'이라고 대략 해석이 가능하지만, 'after'라는 동사 뒤에 있는 단어를 딱 보면 돈과 건강과의 관계를 정의해 줄 것 같습니다. 그렇습니다. 돈은 우리의 건강 다음으로 옵니다. 즉, 돈은 건강만큼 중요하지 않습니다.

또 하나의 예를 들어볼까요?

'need'라는 행위가 있다고 합시다. 이 행위와 어떤 전치사를 결합하는지에 따라서 행위의 움직임이나 상태가 변화합니다.

'to'라는 전치사가 배치되면 'need to~'는 **어떤 행동을 해야 하는** 필요성이 부각됩니다. 즉, 움직임이 강조됩니다.

예문은 다음과 같습니다.

"I need to visit my client company(나는 내 고객의 회사를 방문해야 합니다)."

그러나 'of'라는 전치사가 배치된다면 'need of~'는 **어떤 것에 대한** 필요성이 강조되면서 상태에 집중됩니다.

예문은 다음과 같습니다.

"We are in need of more office supplies(우리는 사무용품이 더 필요해요)."

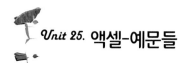

Unit 25. 액셀-예문들

자동차가 앞으로 나아가려면 액셀을 밟아야 하듯이, 영어 문장에 있어서도 액셀은 매우 중요합니다.

다음과 같이 다양한 문장들을 통해서 액셀을 다시 한번 학습하겠습니다.

1) 예시 1

<u>We</u> - Subject

We **will uncover** - Verb

We will uncover **the secrets** - Target

"We will uncover the secrets **behind Apple's success**." - Accelerator

"우리는 애플의 성공에 얽힌 비밀들을 풀어낼 것이다."

여기서 어떤 비밀들을 풀어낸다는 것일까요?

바로 세계직인 회사인 '애플의 성공에 관련된' 비밀들입니다.

'We will uncover the secrets'까지만 해도 S+V+T 문장으로서 완성된 문장이 나옵니다. 그러나 최소한 어떤 비밀들이라는 건 알아야 합니다.

이에 대한 추가 답변이 액셀입니다.

2) 예시 2

I – Subject
I **make** – Verb
I make **no apologies** – Target
"I make no apologies **to speak my mind**." – Accelerator

"나는 내 본심을 말하는 것에 사과하지 않는다(뜻을 굽히지 않는다)."

여기서 어떤 것에 대해서 사과하지 않는다는 것이죠?

다시 말하지만, 'I make no apologies'까지만 해도 주인공+행위+대상 (S+V+T) 문장으로 문법상 완성된 문장입니다. 그러나 아쉬움이 가슴속에 남습니다. 핵심 콘텐츠가 빠진 듯합니다.

여기서 액셀이 추가 정보를 밝혀 줍니다. 바로 내 내면의 목소리를 말한 다는 것!

3) 예시 3

You – Subject
You **make** – Verb
You make **me** – Target
"You make me **brave**." – Accelerator

"당신은 나를 용감하게 만들어."

여기서 액셀이 없다고 가정하면 문장은 "You make me."가 되어버립 니다.

이 역시 문법적으로 틀린 문장은 아니지만, 뜻이 어색해집니다. 그러나

'brave'라는 액셀(형용사)이 등장하면 문장이 완성됩니다. 추가 정보를 액셀로 봐서 단번에 이해합니다.

4) 예시 4

My father – Subject
My father **left** – Verb
My father left **me** – Target
"My father left me **all his fortune**." – Accelerator

전재산이라는 액셀이 없다고 가정하여 봅시다.

"My father left me."도 문법적으로 틀린 문장은 아닙니다.
다만, "우리 아버지가 나를 떠나셨다."라는 완전히 다른 표현이 될 뿐입니다.
'all his fortune'이라는 액셀을 밟으면서 "그의 전재산을 내게 물려주셨다."라는 문장이 완성됩니다.

전통적인 문법에서는 간접 목적어와 직접 목적어로 구분하고 있지만, 그다지 와닿지 않는 구분인 데다 막상 표현하려면 떠오르지 않는 용법입니다.

5) 예시 5

I – Subject
I **treat** – Verb
I treat **him** – Target
"I treat him **as my hero**." – Accelerator
"나는 그를 나의 영웅으로 여겨."

그를 어떻게 여긴다는 것에 초점이 맞춰집니다. 'as my hero', 즉 '내 영웅으로서'가 됩니다. 대상을 더 구체화해 주고 액셀을 밟아 줍니다.

6) 예시 6

Sunwoo – Subject
Sunwoo **prepared** – Verb
Sunwoo prepared **the soybean paste stew** – Target
"Sunwoo prepared the soybean paste stew **using fresh ingredients**." – Accelerator
"신선한 재료로 만든 된장찌개를 선우가 준비했다."

그가 된장찌개를 끓이는 것까지는 비교적 간단한 문장입니다. 하지만 신선한 재료라는 수단이 등장함으로써 추가 정보가 등장하고 하나의 장면이 연상됩니다.

7) 예시 7

The salesperson – Subject
The salesperson **marketed** – Verb
The salesperson marketed **their product** – Target
"The salesperson marketed their product **by traveling from house to house**." – Accelerator
"세일즈 담당자가 상품을 홍보하러 집집마다 들렸다."

판매 담당이 상품을 홍보한다는 문장까지는 S+V+T에 충실한 구조이지만, 구체적으로 어떻게 홍보를 했는지에 대해서 구체적인 설명이 필요합니다. 바로 '집집마다 초인종을 울린 것'이 그것입니다.
이렇듯 추가 정보가 Target 바로 직후에 배치됩니다.

영어는 대개 정보 가치 순서대로 배치되고, 상대적으로 가치가 높거나 새로운 정보는 뒤에 나타난다는 점을 다시금 강조합니다.

8) 예시 8

We - Subject
We **thought** - Verb
We thought **real estate** - Target
"We thought real estate **to be profitable investment**." - Accelerator

우리가 주인공이고, 생각하는 게 행위이고, 부동산이 대상이 됩니다.

부동산(대상)은 수익성 있는 투자처로서 설명이 되는데 이때 이 대상이 지향하는 새로운 정보가 액셀이 됩니다.

결국, 부동산에 대하여 어떻게 생각하고 있는지가 문장 내에서 제일 중요한 정보가 아닐까요?

지금까지 다양한 예문들을 보셨습니다. 바로바로 이해가 안 될 때는 이렇듯 S(주인공), V(행위), T(대상), A(액셀), L(위치 및 시간 정보) 등으로 쪼개는 연습을 합니다. 원어민들도 긴 문장을 쪼개서 이해합니다. 문장은 곧 건축물입니다. 벽돌을 쌓아 올려 나가는 방식으로 긴 문장에 접근합시다.

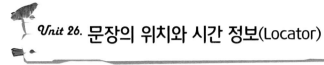

Unit 26. 문장의 위치와 시간 정보(Locator)

위치 정보는 위치 또는 시점을 정해 주는 추가 정보입니다.

여러분의 휴대전화 위치 정보와 자동차의 내비게이션을 떠올리시면 됩니다.

주인공이 언제 어디로 가야 할지에 대한 위치 정보와 시간 정보를 제공합니다.

Locator는 첫째, 물리적인 공간(Physical space), 둘째, 추상적인 공간(Conceptual space)의 두 가지 형태로 구분할 수 있습니다.

물리적인 공간에 대하여 Locator는 눈에 보이는 위치를 콕 찍어주는 내비게이션과 같은 기능을 수행합니다.

추상적인 공간은 눈에 보이지는 않지만, 추상적인 새로운 세계, 새로운 영역을 뜻합니다. Locator는 주인공을 새로운 세계로 인도해 주는 역할을 합니다.

Locator 박스를 담고 있는 다양한 예문들을 살펴보겠습니다.

1) 예문 1

"**In this class**, we use English names."

위치 정보가 앞에 배치되어 있습니다.

'이 교실에선…'이라는 위치 정보는 따라오는 sentences의 조건이나 상황을 조성시켜 주는 역할을 합니다.

즉, 여러분이 느끼시는 것처럼 하나의 특정 상황, 특정 장소로 좁혀 주는 것이 위치 정보입니다.

이 문장에서 주인공은 '우리'이고 행위는 '무엇을 사용하다'이며, 대상이 되는 그 무엇은 영어 이름입니다.

이 모든 것들은 어디서 행해지는가? 바로 '이 교실 내에서'입니다.

이러한 위치 정보를 앞에 배치해도 되지만, 뒤에 배치해도 아무 문제가 없습니다.

"We use English names **in this class**."

2) 예문 2

"We will move our office **next year**."

이 문장에서는 '우리'라는 주인공이 이사라는 행위를 하고 이사 대상은 '사무실'입니다.

여기서 후반부에 어떤 정보가 있는가요? 바로 'next year', 즉 '내년'이라는 시간 정보입니다.

다시 말씀드리지만, Locator는 특정 시간이나 공간으로 범위를 좁혀 줍니다.

액셀과 마찬가지로 위치 정보는 추가 정보를 제공합니다. "사무실이 이사해요."라는 문장에서 부가 설명은 언제라는 위치(시간) 정보입니다.

3) 예문 3

"The startup released the new trading platform **before its IPO**."

이 스타트업 회사는 새로운 유통 플랫폼을 동사의 기업 상장 전에 발표했다는 내용입니다.

> 독자의 내면의 소리: '스타트업이 한 번 성공하면 대박 난대요!'

주인공은 '스타트업(the startup)'이며 스타트업의 행위는 '공개(released)'입니다. 공개한 대상은 '새로운 거래 플랫폼(the new trading platform)'입니다.

그렇다면 이 플랫폼을 공개한 시점에 대한 의문이 들 수 있는데, 이에 대한 위치 정보는 'before its IPO'가 설명해 줍니다.

Before는 시점을 한정시켜 줍니다. 회사가 IPO(Initial Public Offering, 기업 공개) 하기 전에 플랫폼을 이미 발표한 것입니다.

4) 예문 4

"Her success stories provide insights for all young startups **in Korea**."

액셀과 위치 정보가 같이 공존하는 문장입니다.

주인공은 다름 아닌 바로 '그녀의 성공담'이며 행위는 'provide', 즉 제공한다는 것입니다.

제공하는 대상은 'insights', 바로 느낄 점들, 배울 점들입니다. 이 대상이 지향하는 새로운 정보는 무엇일까요?

바로 'for all young startups', 모든 신생 스타트업입니다.

for all young startups는 액셀이고 책의 독자들을 한정시켜 줍니다.

더 나아가 한국에서(in Korea)라는 위치 정보도 제공합니다.

이렇게 설명하면 직관적이고 매우 단순합니다.
그러나 필자는 이 단순한 구조를 표현하는 데 큰 어려움을 목격했습니다.

5) 예문 5

"He lives in a huge metropolis: **New York**."

앞의 문장은 주인공으로부터 행위로 이어지고, 행위가 나타내는 대상은
바로 '거대 도시(metropolis)'입니다.

이어서 colon(:, 쌍점)으로 나오는 것은 바로 뉴욕, 위치에 대한 정보입
니다.

이렇듯 문장에서의 위치 및 시간 정보는 굉장히 중요합니다. 마치 도로
주행을 할 때 내비게이션이 필요한 것처럼 말이죠.

Unit 27. 문장의 행위(Verb)

　동사의 역할이 어떤 행위를 표현한다는 점은 이견이 없을 것입니다. 이 책에서는 동사만을 따로 분리하지 않고 주인공과 동사를 함께 묶어서 동사를 들여다보기로 합시다.

　동사의 역할은 행위입니다.

　우리의 주인공들은 무엇인가를 소유하거나 어떤 방향을 향하여 움직입니다.
　아울러 어떤 존재가 되기를 원합니다.
　무엇인가를 끊임없이 입력하면서 발전합니다.

　이처럼 주인공들이 무엇을 하는가의 관점에서 동사의 역할을 다시금 들여다봅시다.

1) 주인공이 무엇인가를 감지하거나 받아들이는 input 관련 동사

첫째, see, hear, smell, hurt, taste, feel 등과 같은 지각과 감각(perception and sensation)을 통하여 무엇인가를 받아들이는 동사입니다.

둘째, think, feel, forget, long, remember, recognize, be aware of 등과 같은 인식, 감정과 태도(cognition, emotion and attitude)를 표현하는 동사입니다.

2) 주인공이 무엇인가를 만들어내는 output 관련 동사

input이 있으면 output이 있습니다.

여기에서 output은 아예 백지상태에서 새로운 것을 만들어 낼 수도 있으며, 이미 기존에 있던 것을 강화할 수도 있습니다.

첫째, create, generate, make, expand, speak up, produce, strengthen, accelerate.

둘째, come up with.

3) 주인공이 어디에 위치(Stance)하거나 어딘가를 향하는 방향(Direction)을 표현하는 동사

이런 동사는 동적인 부분은 없지만, 어떤 상태나 말하는 이의 의견이나 감정을 규정해 주는 행위로 봐야 합니다.

첫째, 가장 자주 쓰이는 용도로서 주인공이 어떤 상태인지를 표현합니다. 즉, 주인공이 어떤 스탠스(stance, 상태)에 있는지를 표현합니다. 우리가 흔히 아는 **상태 동사입니다.**

'am', 'is', 'are' 등이 그렇습니다.
"I am a student."에서처럼 보통 상태 동사를 지칭합니다.

상태 동사는 주인공의 상태나 스탠스를 표현해 줍니다. 사실상 이런 상태 동사는 등호 기호로 대체해도 됩니다.

"I = a student."
이로써 "나는 학생입니다."라는 문장이 탄생하죠.

> 독자의 내면의 소리: "그럼 상태 동사 뒤에 오는 'student'는 대상 아닌가? 보어라고 했었나?"

타동사 뒤에 오는 것은 목적어, 상태 동사 뒤에 오는 것은 '보어'라는 어지러운 문법적 구분을 없앤다고 앞에서 언급했습니다.

타동사는 주인공이 직접 대상을 지향하기 때문에 대상이 맞습니다. 그러나 상태 동사 뒤에 오는 것까지 대상이라고 우기는 것은 무리입니다.

상태 동사는 주인공의 스탠스를 나타낼 뿐인데, '대상'이라는 단어가 적합하지 않기 때문이죠.

그래서 그냥 주인공에 대한 추가 정보로 봐야 합니다. 바로 액셀인 것이죠.

"I am a student."라는 문장은, 'I = 주인공(주어)', 'am = 행위(상태 동사)', 'a student = 액셀(추가 정보)'이 맞습니다. 이렇게 생각하셔야 구조가 간편하게 눈에 들어옵니다.

독자의 내면의 소리: '아하! 그러니까 보어는 잊어버리고, 대상과 액셀만 기억해야겠네. 주인공 + 타동사 + 대상 또는 주인공 + 상태 동사 + 액셀이 되네'

둘째, 주인공의 시공간 속 스탠스를 나타내는 동사입니다.
Sit, stand, lie, live, face 등입니다.

셋째, 소유(ownership)를 나타내는 동사입니다.
소유욕은 매우 강렬할 감정입니다.

소유, 즉 ownership에 관련된 동사는 상당히 중요합니다.
Have, own, possess, carry, include 등이 있습니다.

넷째, 주인공이 어디로 향하는지를 표현하는 동사입니다.
Directed to, oriented to, headed to 등입니다.

예문
- "Korea is heading to a new era(한국은 새로운 시기로 향하고 있다)."

다섯째, 주인공의 어떤 실현을 표현하는 동사가 있습니다.
Realize, succeed, become, fail 등입니다.

독자의 내면의 소리: '3개 이상 넘어가면 머리의 한계를 느껴요. 하하'

4) 동사의 비서 역할을 해주는 조동사가 있습니다.

바로 조동사(Helping Verb)라는 것인데, 이런 것들은 가능성을 내비치거나 시간을 나타내는 역할을 수행합니다.

인풋(input), 아웃풋(output), 스탠스(stance)와 방향을 나타내는 동사들을 전부 뒷받침해 주는 일종의 비서 역할을 해 주는 조동사는 크게 두 가지 유형이 있습니다.

> 독자의 내면의 소리: '오, 동사를 돕는 비서라⋯⋯. 재미있어요'

첫째, 가능성이나 의지를 내비치는 목적으로 쓰일 때가 많습니다.

Can, could, dare, may, might, must, need, ought, shall, should, will, would, do, does, did.

우선 가능성을 부각하는 조동사입니다.

예문

- "I **might** miss the meeting tomorrow(내일 미팅에 참석 못 할 수도 있습니다)."

행위의 의지를 내비치는 조동사입니다.

예문

- "You **must** express your opinion clearly(당신은 의견을 명확하게 나타내야 합니다)."

예문

- "I **do** like that candidate(저는 그 후보가 좋긴 좋아요)."

여기서 do라는 조동사는 like라는 행위를 훨씬 강조해 주는 역할을 수행합니다. 대부분의 경우에는 do 동사가 생략됩니다. 여기서는 행위 앞에 배치되면서 행위를 강하게 부가합니다.

예문

- "The play **did** entertain me(연극이 정말 재밌었어요)."

둘째, 시간을 나타내는 목적으로 쓰이는데 이것은 시제와 연결되어 있으며 우리에게 익숙한 문법적 요소입니다.

Be 동사: be, am, are, is, was, were, been, being.

> 독자의 내면의 소리: '어? 이 be 동사들은 세 번째 유형에 등장한 상태 동사잖아? 근데 조동사로도 쓰인다고?'

be 동사는 본동사 앞에 올 수 있습니다. 여기에선 be 동사가 조동사로서 문장의 행위를 앞에서 수식합니다.

항상 행위인 본동사 전에 놓이며 행위의 시제를 표현합니다.

- "I **was** reviewing my product report(저는 상품 보고서를 검토 중이었습니다)."

Have 동사: have, has, had, having.

마찬가지로 have 동사도 문장의 행위로 등장할 수 있지만, 이렇게 비서 역할을 수행하기도 합니다.

예문

- "He **has** accomplished so much(그는 정말 많은 성취를 했어요)."

Will

'will'이라는 조동사는 가능성이나 의지를 내비치기도 하지만 시점을 미래로 이끌어주는 아주 중요한 조동사입니다.

예문

- "Our paths **will** cross again(우리의 길은 다시 만날 것입니다)."

핵심은 이렇습니다. 조동사 자체는 문장의 행위가 아닙니다. 행위 앞에서 행위의 가능성이나 의지를 내비치거나 시간을 정해줄 뿐입니다.

Unit 28. 행위와 대상은 짝꿍이다

주인공의 행위를 표현하는 동사와 행위의 목적인 target은 서로 짝지어져 다닙니다.

> 독자의 내면의 소리: '초등학교 4학년 때 짝꿍은 뭐 하고 있을까?'

학습의 효율성 측면에서도 한 센텐스를 암기하기는 어렵지만, 단 두 개의 단어만으로 구성되는 행위+대상 페어링(pairing, 짝짓기)은 누구나 기억할 수 있습니다.

간단한 기억이지만 그 효과는 강력합니다.

두 개의 단어로 구성된 페어링(pairing, 짝짓기)을 철저하게 암기해 봅시다.

단어 하나를 독립적으로 암기하는 것보다 의미가 담기게 되므로 더 쉬

우며 말하고 쓰는 데 근간이 됩니다.

영어에서는 이러한 조합, 즉 페어링(짝짓기)이 모든 문장의 근간을 이룹니다.

숙어를 암기할 것이 아니라 페어링을 암기해야 합니다.

여러분들이 읽고 듣고 보는 모든 텍스트에서 페어링을 찾을 수 있습니다.

주인공에서 시작하여 그 주인공의 행위와 목적으로 구성된 페어링 그리고 이를 보완하는 액셀과 위치 정보를 더하면 하나의 문장이 완성되는 것입니다.

페어링은 문장의 근간이기 때문에 당연히 페어링을 놓칠 경우에는 문장을 들을 수도, 구사할 수도 없습니다.

예를 들어봅시다.

"place emphasis."

'강조를 두다'라는 의미로서 영어에서 자주 등장하는 표현입니다.

또 원어민들이 자주 쓰는 비슷한 표현으로서 "place value(가치를 두다)."
와 "place importance(중요성을 두다).", "place stress(강조를 두다)."라는 표현
도 있습니다.
한국어로 직역이 가능한 좋은 표현들이죠.

이처럼 place는 비교적 스펙트럼이 넓은 단어라서 페어링(짝짓기)에 대한
옵션(선택)이 많습니다.

이렇게 유연한 행위(동사)들을 많이 알아두면 페어링(짝짓기)을 생성해내
는 데 어려움이 훨씬 덜합니다.

그러나 특정 행위(동사) 표현은 뒤따라오는 대상이 제한적일 때가 많습
니다. 그럴 때 어울리지 않는 페어링(짝짓기)이 등장합니다.

다음과 같은 배합은 어순상 부자연스럽거나, 뉘앙스가 완전히 다릅니다.

- unfold truth(진실이 드러나다): O

- unfold reality. X
→ 현실이 드러나다? 영어에서는 거의 쓰이지 않는 표현입니다.

- unfold trueness: X

→ 사실함이 드러나다? Truth와 trueness는 뜻이 매우 흡사한 단어들이지만 다섯 글자인 truth로 표현하는 게 맞습니다. Trueness는 사실의 성질을 부각하는 단어인데 통상적으로 쓰이지 않는 단어입니다. 이런 맥락에서 쓰기에 매우 부자연스럽습니다.

하지만, unfold lies(거짓말이 드러나다)는 truth의 반의어로 사용 가능합니다.

또 다른 행위를 살펴볼까요? 이번엔 establish입니다.

- establish a foundation(기반을 구축하다): O

- establish ground: X

→ foundation과 ground는 유의어지만 ground는 거의 쓰이지 않습니다.

더 부자연스러운 페어링의 예들을 살펴보겠습니다.

- establish soil: X

→ 유의어 사전(thesaurus)에서는 foundation과 비슷한 단어로 soil이 나오지만, 여기서 흙이나 땅이 기반이라는 비유적인 표현으로 연결되진 않습니다. 다만 'Foreign soil'이라고 외지(外地)를 뜻하는 표현은 있습니다.

- establish structure: X

→ 단순히 '구조를 만들다'를 establish structure로 직역할 수는 있습니다. 그러나 여기서 '기반을 구축하다'라는 비유적인 표현으로 쓰기엔 페어링(짝짓기)의 영향력(impact)이 약해집니다.

- establish footing: X

→ 가끔 쓰일 수도 있지만, 구글에 검색해 보기만 해도 관련 검색어가 많이 없습니다. 좋은 페어링(짝짓기)이 아닙니다.

- establish underpinning: X

→ 역시 부정확한 페어링(짝짓기)입니다.

예문들을 보시다시피 우리가 영어를 배울 때는 Thesaurus, 즉 유의어 사전만 찾아가면서 페어링(짝짓기)을 인위적으로 구축해서는 안 됩니다.

물론 영어는 여느 언어와 마찬가지로 유연하고 창조적이기도 합니다. 페어링(짝짓기)이 조금 틀렸다고 핀잔을 듣거나 의사소통 자체에는 엄청난 문제가 발생하지 않을 수도 있습니다.

그러나 자주 쓰는 페어링(짝짓기)들을 익히도록 노력해야 유의미한 진전이 있을 것입니다.

안타깝게도, 이미 여러분에게 친숙한 영어 교재들이나 한국식 영어에서는 페어링(짝짓기)에 대한 설명이 많이 누락된 것이 사실입니다.

그래서 페어링(짝짓기)들은 원어민들이 작성한 텍스트와 영어권 자료를 참고하면서 익히는 것이 좋습니다.

앞서 동사를 크게 개념적으로 인풋(input), 아웃풋(output) 그리고 스탠스(stance)와 방향으로 구분하였습니다.

그 연장선상에서 페어링(짝짓기)을 들여다보는 것도 좋은 생각입니다.

각각의 동사 유형에 대해서 자주 쓰이는 대상의 페어링(짝짓기)을 살펴볼까요?

〈 인풋(input) 동사와 페어링(짝짓기)된 대상 〉

hear (someone's) voice
: 목소리가 **들리다**

feel pressure
: 부담감을 **느끼다**

see the reality
: 현실이 **보이다**

believe in myself
: 자신을 **믿다**

empathize with the audience
: 관객들과 **연대하다**

forget the past
: 과거를 **잊다**

recognize the issue
: 문제점을 **인식하다**

remember the incident
: 사건을 **기억하다**

〈 아웃풋(output) 동사와 페어링(짝짓기)된 대상 〉

make money
: 돈을 **벌다**
propose ideas
: 아이디어를 **제안하다**

initiate negotiations
: 협상을 **개시하다**
foster peace
: 평화를 **갈구하다**

improve relations
: 관계를 **개선하다**

signed the deal
: 협약에 **서명하다**

declared the agreement
: 합의문을 **선언하다**

eliminate threats
: 위협을 **제거하다**

resume operation
: 활동을 **재개하다**

offers rewards
: 보상을 **제공하다**

maintain correspondence
: 연락을 **유지하다**

limit strength
: 힘을 **억제하다**

seek growth
: 성장을 **갈구하다**

drive change
: 변화를 **주도하다**

opening barriers
: 장벽을 **열다**

address issues
: 문제점을 **다루다**

create incentives
: 인센티브를 **제시하다**

serve public
: 대중에게 **섬기다**

lower expectations
: 기대치를 **낮추다**

fulfill purpose
: 목적을 **달성하다**

end the dispute
: 분쟁을 **멈추다**

pick a fight
: 시비를 **걸다**

build momentum
: 추진력을 **쌓다**

run a business
: 회사를 **운영하다**

sacrifice time
: 시간을 **희생하다**

nurture talent
: 인재를 **양성하다**

plan retirement
: 퇴직을 **준비하다**

protect the environment
: 환경을 **보호하다**

generate returns
: 수익을 **창출하다**

provides framework
: 프레임워크를 **제공하다**

embrace responsibility
: 책임을 **받아들이다**

advocate an approach
: 방식을 **옹호하다**

cast a shadow
: 회의감을 **드러내다**

provoke an uproar
: 소란을 **야기하다**

test (my) limits
: 한계를 **시험하다**

blame others
: 남을 **탓하다**

choose careers
: 직업을 **정하다**

present vision
: 비전을 **제시하다**

spark creativity
: 창의성을 **촉진하다**

fight for a cause
: 대의를 위해 **싸우다**

tap into desire
: 욕망에 **파고들다**

embarked on a trip
: 여행을 **떠나다**

express opinions
: 의견을 **표명하다**

increase density
: 밀도가 **증가하다**

signals a shift
: 변화를 **예고하다**

requires attention
: 주의가 **필요하다**

underscores problem
: 문제를 **강조하다**

chase dreams
: 꿈을 **좇다**

〈스탠스와 방향 동사와 페어링(짝짓기)된 대상〉

am convinced
: ~납득이 **가다**

move in that direction
: ~방향으로 **이동하다**
shift action
: 행동을 **변경하다**

look for opportunities
: 기회를 **모색하다**
consider alternatives
: 대안을 **고려하다**

attended the conference
: 회의에 **참가하다**
make an appearance
: 등장을 **하다**

involved in a case
: 사건에 **연루되다**

switch to something
: ~로 **갈아타다**

position yourself
: 본인을 **포지셔닝하다**
fix (your) attention
: 주의를 **고정시키다**

live in a society
: 사회에 **살고 있다**
abide by law
: 법을 **준수하다**

became independent
: 독립이 **되다**
develop into friendship
: 우정으로 **발전하다**

headed to future
: 미래를 **향하다**

carry the burden
: 짐을 **짊어지다**
bear the costs
: 비용을 **책임지다**

faced with a problem
: 문제에 **직면하다**
confront a challenge
: 고난에 **직면하다**

own a house
: 집을 **소유하다**
possess the property
: 매물을 **보유하다**

realize dreams
: 꿈을 **실현하다**

Unit 29. 문장의 대상(Target)

주인공이 어떠한 움직임이 있으면 어떠한 대상, 즉 무엇에게 그 움직임이 가해졌는지를 알아야 합니다.

주인공의 움직임(행위)은 지향하거나 관련된 대상이 있습니다. 이를 'Target'이라고 정의합니다.

'오케이.
이 말은 잘 이해돼'

"Your parents sold **the old house** last year(당신의 부모님이 그 오래된 집을 작년에 매도했어요)."

"I discovered a **new passion** for writing(나는 글쓰기 작문에 대한 새로운 흥미를 발견했다)."

Discover이나 create같이 output 관련 동사와 연결되면서 주인공의 행위에 따른 결실을 표현합니다.

"A friend painted a **picture** of his family(내 친구가 그의 가족사진을 그렸다)."
"My host offered me **some wine** to drink(내 호스트가 나에게 와인을 좀 따라줬다)."

우리는 목적어(Object)를 간접 목적어(Indirect Object) 또는 직접 목적어(Direct Object)로 구분하는 방법을 배웠습니다.

우리는 목적어 대신 대상, Target이라는 표현을 씁니다.

관계대명사절 자체가 대상이 되는 경우도 있습니다.

"I have been thinking about **how important you were to me throughout my whole life**."

여기서 'how important you were to me' 이하는 생각의 대상을 표현하고 있습니다.

Unit 30. 문장의 주인공(Subject)

앞서 우리는 액셀과 위치 및 시간 정보 그리고 대상을 살펴보았습니다.

모든 영어 문장은 주인공(Main Actor)으로부터 시작됩니다.

주인공은 사람일 수도 있고, 동물일 수도 있으며, 사물일 수도 있습니다.

그러나 이와 같은 구분보다는 좀 더 마음에 와닿고 실제로 사용할 수 있는 구분법을 제시하고자 합니다.

바로 주인공을 **나와의 거리 측면**에서 구분하는 것입니다. 세상은 나를 중심으로 돌아간다고 보았을 때, 주인공도 우선 나의 시각으로 바라봅니다.

나부터 시작하여 내 옆이나 앞에 있는 대화 상대인 너, 그리고 나와 너를 아우르는 우리, 그리고 저 멀리 보이는 그들…

그다음으로는 인간은 아니지만, 동식물이나 사물이 주인공이 될 수도 있습니다.

마지막으로 자연 현상이나 특정 이벤트가 주인공이 될 수 있습니다. 추상적인 개념이지만 주인공을 맡을 만큼 중요할 때가 있지요. 이처럼 자신으로부터 시작하여 눈앞에 보이는 것, 저 멀리 보이는 것, 그리고 인간 이외의 것들, 마지막으로 추상적인 개념, 이벤트 또는 위치나 시간도 전부 주인공이 될 수 있습니다.

정리하자면 이렇습니다.

1) 사람이 주인공인 경우
　(1) 나
　(2) 너
　(3) 우리
　(4) 특정인, 그, 그녀, 그들, 사람들

2) 동식물이나 사물이 주인공인 경우

3) 자연 현상이나 이벤트가 주인공인 경우
　(1) 자연 현상이나 이벤트
　(2) 위치 또는 시간

우리가 말을 하거나 글로 표현할 때 사람(나와 당신, 그 사람, 사람들)이 주인공이 되거나 사물이나 자연 현상이 주인공이 되면서 대화 또는 글을 만들어나갑니다. 여기에는 예외가 없습니다.

1) 사람이 주인공인 경우

(1) 나

"**I** am feeling a little melancholic today(나는 오늘 좀 기분이 우울해)."

여기서 동사는 상태 동사로서 '기분을 느끼는 것'입니다. 그리고 이런 기분을 경험하는 주인공은 바로 나, 즉 'I'입니다.

"**I** feel better today(오늘은 좀 괜찮아졌어)."

역시나 내가 주인공입니다. 나의 상태를 표현합니다.

(2) 너

"**You** are so dazzling(너는 정말 눈부셔)!"

바로 앞에 있는 사람에게 이런 칭찬을 해 보는 건 어떨까요?

(3) 우리

"**We** are the champions of the world(우리가 이 세상의 승리자입니다)."

그룹 퀸의 노래를 들어보셨다면 아실 겁니다. 바로 우리 모두가 세상이라는 무대 위의 주인공입니다.

(4) 특정인, 그, 그녀, 그들, 사람들
타인이나 타 집단을 가리킬 때 주로 쓰입니다.

"**John** collapsed in his shower after working 48 hours non-stop(존은 48시간 동안 쉴 새 없이 일하고 샤워 도중에 쓰러졌습니다)."

여기서 쓰러진 사람은 존입니다. 그러나 존은 대화 현장에는 없습니다.

"**President Roosevelt** tried to rescue America from the Great Recession(루스벨트 대통령은 미국을 대공황 위기에서 구하기 위해 노력을 기울였습니다)."
"**Mr. Lee** is the most famous comedian of our country(이 씨는 우리나라에서 가장 유명한 코미디언입니다)."
"**Most people** prefer safety and dislike risk(대부분의 사람은 안전을 선호하고 위험을 싫어합니다)."

불특정 다수도 '그들'에 속합니다.

2) 동식물이나 사물이 주인공인 경우

"**That car** destroyed my garden."

여기선 차량이 내 정원으로 돌진하여 내 정원이 파괴된 것입니다. 인과관계가 매우 명확합니다.

"**This** (fly) is annoying me(이 날파리가 나를 신경질 나게 하네)."

여기서 fly는 생략되어도 괜찮습니다. 'This'는 사물을 주인공으로 만든 것입니다. 현장에서 날파리가 윙윙 소리를 내며 날아다니니까요.

"**My cat** is so adorable(내 고양이는 너무 귀여워)."

고양이를 쓰다듬으면서 얘기할 수 있죠?

3) 자연이나 외부현상 및 이벤트가 주인공인 경우

(1) 자연과 외부현상(이벤트)

"**The effects of recession** shut down my company(불황의 영향으로 내 회사가 문을 닫았습니다)."

여기서 불황은 추상적인 개념이지만 주인공으로 쓰일 만큼 회사에 큰 영향을 미쳤습니다.

"**Good times** cause people to become more optimistic(번영의 시기에는 사람들이 보다 낙관적으로 변합니다)."
"**Our final match** is tomorrow(우리의 마지막 승부가 내일입니다)."

여기선 승부를 하나의 이벤트로 봐야겠죠?

(2) 위치 또는 시간

"**Shanghai** is located in China(상해는 중국에 위치해 있습니다)."
"**August** 15 is the Independence Day(8월 15일은 광복절입니다)."

그리고 영어는 유연한 언어입니다. 주인공과 대상이 서로 교차할 수도 있습니다. 대상이 주인공이 되고 주인공이 대상이 되기도 합니다.

예를 들어서 다음과 같습니다.

"Life is difficult(인생은 힘들어요)."

"But every difficulty in life presents us with an opportunity(그러나 인생에서의 모든 고난은 우리에게 새로운 기회를 선사하죠)."

"Those new opportunities will enrich our lives(그러한 새로운 기회들이 우리의 인생들을 아름답게 만들죠)."

독자의 내면의 소리: '맞아, 맞아. 그리고 2번, 3번은 영어 선생님이 자주 말씀하신 물주(사람 아닌 물건이 주어로 쓰이는 것) 구조라는 것 아닐까?'

어떠신가요? 실제로 영어의 많은 문단은 이렇게 전개되기도 합니다. 집중하면서 꼬리에 꼬리를 물다 보면, 결론에 도달하지 않을까 싶습니다.

Chapter 5.

문장에 색을 입혀 주는 수식어

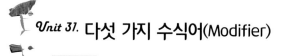

Unit 31. 다섯 가지 수식어(Modifier)

우리가 문법책을 100번 읽어도 별다른 소용이 없는 이유는 가장 기초가 되는 프레임 없이 무작정 암기하는 데만 주력하기 때문입니다.

독자의 내면의 소리: '헉, 백 번이나 읽는다고?'

프레임을 통해서 보면 몇 번만 봐도 문법을 바로 익힐 수 있습니다.

이렇게 되면 학습 효과도 극대화되고 영어 공부가 더 재밌어지며 문장을 더 쉽고 빠르게 정확하게 암기하고 공부할 수 있죠.

독자의 내면의 소리: '희망이 보이네'

이렇게 무장하면 복잡한 문장까지 꿰뚫을 수 있습니다.

다음과 같이 정리해 보겠습니다.

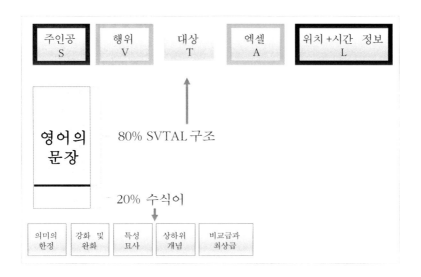

핵심 요소라고 말할 수 있는 Subject(주인공), Verb(행위)와 Target(대상), Accelerator(액셀), Locator(위치 및 시간 정보)는 합쳐서 전체 문장의 80% 정도가 됩니다. 나머지 20%는 수식어입니다.

독자의 내면의 소리: '정말?'

즉, 문장의 80%만이 뼈대이자 엑기스이고, 나머지 20%는 덧붙이는 말 입니다. 20%를 빼도 기본적인 의미는 다 전달됩니다.

다섯 가지 정보 덩어리인 주인공, 행위, 대상, 액셀 그리고 위치 및 시간 정보를 기반으로 하여 다음과 같은 수식어들을 같이 연결해 줍니다.

1) Determiner(의미의 한정)

2) Intensifier/Downgrader(의미의 강화 및 완화)

3) Identifier(특성·성질·상태의 묘사)

4) Classifier(상위·하위 개념을 통한 특성에 대한 묘사/계층 수식어)

5) Comparison(우위, 서열에 대한 묘사/비교급과 최상급)

영어에 있는 모든 수식어를 단 다섯 가지 유형으로 분류해 봅니다.

'헉, 힘든 싸움이 되겠군'

핵심은 이렇습니다. 횡축(가로축)과 종축(세로축)에 각각 문장의 구성 요소와 수식어를 배치함으로써 문장을 입체적으로 분석할 수 있습니다.

독자의 내면의 소리: '종횡무진이 떠오르는군'

이렇게 하면 문장에 등장하는 다섯 가지 정보요소와 다섯 가지 수식어들을 결합한 '5×5 매트릭스'를 구성할 수 있습니다.

독자의 내면의 소리: '5×5는 25'

영어 문장의 구성:	1. 주인공	2. 행위	3. 대상	4. 액셀	5. 위치 및 시간정보
수식어의 기능					

수식어의 기능
1. 의미의 한정
2. 완화 및 강화
3. 특성의 묘사
4. 상·하위 개념
5. 우위 및 서열

모든 영어 문장의 매트릭스

횡축에 있는 '주인공+행위+대상+액셀+위치(이하 생략) 정보'는 문장의 기본적인 골격을 제시하는 역할을 합니다. 종축의 수식어는 문장을 더욱 풍성하게, 인상 깊게 강조하면서 정보의 질을 높이는 역할을 수행합니다.

이와 같은 프레임을 통해서 문장을 봅시다.

무작정 맹목적으로 암기하는 방식보다 문장의 구조가 포착되고 선명하게 기억에 남을 것입니다.

다음과 같은 예문을 살펴봅시다.

"**Managers and owners** usually **share** the same **objective for the firm**
(회사의 경영진과 주주들은 대개 공동의 목표를 가지고 있습니다)."

Managers and owners: Subject(주인공)
share: Verb(행위)
objective: Target(대상)
for the firm: Accelerator(액셀)

share에 대해서는 usually가 수식어가 되고, objective에 대해서는 same이 수식어 역할을 수행하게 됩니다.

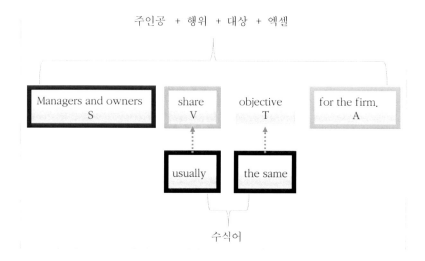

길지 않은 문장이지만 제법 많은 요소가 담겨 있습니다. 주어, 동사, 대상, 액셀과 더불어 강약을 조절하는 수식어(modifier)가 제시됩니다.

이처럼 SVTAL 덩어리들과 수식어를 분리해서 보지 않으면 간단한 문장도 재현하기가 무척 어렵습니다.

무작정 암기하는 방법이 있지만, 다양하기 짝이 없는 무수한 문장을 암기하는 것은 불가능합니다. 또한, 무작정 암기하는 과정에서 고통이 따르기 때문에 결코 효율적이지도 않습니다.

> 독자의 내면의 소리: '맞아, 맞아'

이제 그 수식어들을 소개하고자 합니다.

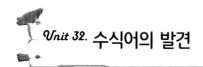

Unit 32. 수식어의 발견

이제 각각의 수식어(modifiers)를 한 걸음 더 나아가 살펴봅시다.

우선, 수식어는 무엇일까요?

수식어는 '표현을 명확하게 하기 위해 꾸미는 말'이라고 정의할 수 있습니다.

문장 내에서 의미의 폭이 더 좁고 세밀해지도록 **정보를 업데이트하고 확정하는 역할**을 수행합니다.

'Manager'는 세상의 모든 관리자를 지칭하지만, 'Excellent manager'라는 표현은 어리석은 관리자를 제외하고 똑똑하고 특출한 관리자를 지칭하여 범위를 좁힙니다.

'An excellent manager in that startup'은 그 스타트업 회사에 있는 똑

똑한 어떤 관리자 한 사람만을 지칭하여 그 범위를 더욱더 좁혀 줍니다.

Reading에 있어서는 수식어구들을 걸러내고 엑기스 위주로 독해해야 빠른 독해가 가능합니다.

하지만 반대로 작문(Writing)이나 회화(Speaking)에 있어서는 복잡한 modifiers들을 마음껏 자유자재로 사용해야만 더욱 생생하고 정확한 표현을 할 수 있습니다.

수식어를 통해 문장 내의 다섯 가지 덩어리들에 색깔을 입히는 것입니다. **마치 흑백 용지를 칼라로 출력하는 것과 비슷합니다.** 그렇다면 수식어의 종류를 한 걸음 더 들어가서 살펴볼까요?

Unit 33. 수식어의 5가지 유형 개관

영어에는 다양한 수식어가 존재합니다. 그러나 제가 공부하고 연구한 결과를 통해서 많이 쓰이는 다섯 가지 유형을 추려보았습니다.

첫째, Determiners(의미의 한정)는 주인공이나 대상의 숫자나 물량 또는 정도를 확정하여 주는 경우에 적용합니다.

둘째, Intensifier/Downgrader(의미의 강화 및 완화)는 주인공이나 대상 또는 동사가 나타내는 의미를 강화(Intensifier)하거나 완화(Downgrader)하는 데 활용됩니다.
특히, 주인공이나 대상 또는 동사의 강도(intensity)나 규모(scale) 측면을 부각시킵니다.

셋째, Identifier(특성·성질·상태의 묘사 및 특정 수식어)는 주인공이나 대상 또는 동사를 주어진 맥락에서 더욱 선명하게 특정(particularize)하고 확정 (identify)하는 데 활용됩니다.

영구적 특성(permanent qualities)·성질·상태 등을 구체적이고 객관적으로 설명하거나, 화자가 해당 주인공이나 대상에 대해서 어떠한 태도를 가지고 있는지 설명합니다.

어떻게 보면 determiner(한정사)와 비슷한 기능을 수행하시만, 훨씬 디고차원적입니다.

> 독자의 내면의 소리: '증명사진 느낌?'

주인공이나 대상을 수식하는 형용사와 Verb를 특정하고 선택하는 부사들 모두 identifier의 역할을 수행해 줍니다.

넷째, Classifier(상위·하위 개념을 통한 특성에 대한 묘사/계층 수식어)는 주인공이나 대상이 어떤 집합이나 부류에 속하는지 그 속성을 더 상세하게 표현합니다.

즉, 어떤 유형인지에 대한 답을 제시하죠.

다섯째, Comparison은 비교급 또는 최상급으로 주인공이나 대상에 대한 우위 또는 서열을 표현합니다.

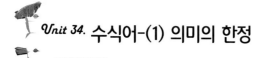

Unit 34. 수식어-(1) 의미의 한정

Determiners(의미의 한정)는 주인공이나 대상의 숫자나 물량 또는 정도를 확정하여 주는 경우에 적용합니다.

1) 지시형용사(Demonstratives)

this, that, these, those.

예문

- "**This** is me(이게 나야)!"
- "**Those** students look so tired(저 학생들은 정말 지쳐 보인다)."

2) 소유형용사(Posessives)

my, you, his, her, its, our, their, x's.

- "**My** instinct tells me you are a good person(내 직감상 당신은 좋은 사람인 것 같네요)."
- "**Our** project was a success (우리의 프로젝트는 성공적이었습니다)."

3) 수량형용사(Quantifiers)

인간의 주관적 개입이 없고 중립적인 의미를 가진 한정사입니다.

예를 들어, 'enough'라는 부사는 뭐가 enough의 기준이 되는지 모호하기 때문에 quantifier로 성립될 수 없습니다.

다음의 Quantifier 목록을 보시죠. 중립적인 언어만 포함됩니다.

Countable(셀 수 있다)	Uncountable(셀 수 없다)
All (of the)	All (of the)
Most (of the)	Most (of the)
A lot of (the)/Lots of (the)	A lot of (the)/Lots of (the)
Several (of the)	Several (of the)
No/None (of the)	No/None (of the)
(A) **few** (of the)	**Little** (of the)
Many (of the)	**Much** (of the)

- "**Most of** my research concerns the Korean economy(제 연구는 한국 경제와 크게 연관이 있습니다)."

- "**Several** party members gathered for a meeting(몇 명의 당원들이 회의를 가졌다)."

- "I cannot resolve **any of** the issues you raised(저는 제기하신 문제들을 하나도 해결할 수 없습니다)."

수량과 분량, 즉 주인공, 대상이나 행위의 수나 양을 주관적 판단 없이 부각시킵니다.

독자의 내면의 소리: '싸늘한 놈이군'

"**Most of** my income is spent on paying off rent(내 소득의 대부분을 월세 상환에 씁니다)."

"**None of** the people in the room spoke up(방에 있는 그 누구도 항의하지 않았다)."

4) 숫자형용사(Numerals)

수사나 숫자에 관련된 모든 것 역시 determiner라는 수식어로 정리됩니다. 이는 cardinals, ordinals, decimals를 포함합니다.

one, two, three, first, second, third, last, primary, secondary, tertiary, single, double, triple, a half, one-third, a quarter.

5) 의문사(Interrogatives)

의문 형용사는 거의 매번 주인공이나 동사 앞에 등장합니다.

what, which, who, whom, whose, where, whither, whence, when, how, whether.

예문

- "**Who** is that smiling girl(저 웃고 있는 여자아이가 누구니)?"
- "**How** does one become a millionaire(어떻게 하면 백만장자가 될까)?"
- "**Whose** coat is that(저 코트는 누구 거야)?"

6) 개별대명사(Distributive pronouns)

each(of), any(of), either(of), neither(of)

예문

- "We must compensate **<u>each of</u>** our employees(우리는 각 직원에게 보상해야 한다)."
- "**<u>Neither of</u>** the options appeal to me(두 개의 선택 다 마음에 안 들어요)."

Unit 35. 수식어-(2) 의미의 강화 및 완화

'Intensifier/Downgrader(의미의 강화 및 완화)'는 주인공이나 대상 또는 동사가 나타내는 의미를 강화(Intensifier)하거나 완화(Downgrader)하는 데 활용됩니다.

특히, 주인공이나 대상 또는 동사의 강도(intensity)나 규모(scale) 측면을 부각시킵니다.

형용사를 강화 또는 완화시키는 부사들도 정도에 따라 intensifier나 downgrader 역할을 수행합니다.

이들이 바로 영어에서 강약 조절을 이루는 데 있어서 가장 중요한 수식어들입니다.

예문

- "I spent my **entire** savings(예금이 있는데 그것의 **전부를** 써 버렸다)."
- "My **best** friend loves me(내 친구, 그것도 친한 베프가 날 사랑했다)."
- "Korea has **greatly** expanded its presence on the global stage(한국은 글로벌 무대에서 아주 크게 존재감을 키웠다)."

어느 정도 키운 거죠? **'아주 크게 키웠다'**라고 합니다.

- "People became **<u>increasingly</u>** sensitive to the national movement(사람들이 국민적 운동에 **점점 더** 민감해졌다)."
- "It was **<u>intensely</u>** boring(그건 **매우** 지루하였다)."
- "He was **<u>fairly</u>** efficient at work(업무를 효율적으로 처리했는데 **적당히** 봐줄 만한 정도였다)."
- "The **<u>sheer</u>** size of the Chinese market took him by surprise(중국 시장의 그 **방대한** 규모는 그를 놀라게 하였다)."

규모가 엄청나다는 점을 부각시킵니다.

- "Our portfolio has performed **<u>adequately</u>** in second quarter(우리의 포트폴리오는 2분기 실적이 괜찮은데, 훌륭하지도 않지만 저조하지도 않다)."

강도를 크게 높여 주는 수식어 표현(부사)	(형용사)
Wholly, totally, completely, fully, absolutely, entirely, perfectly	Whole, total, complete, full, absolute
Extremely, vastly, utterly, highly, very, fairly, significantly, really, greatly, largely	Enough, sheer, close, utter
To a large extent, at great length, in depth	

강도를 적당하게 맞추는 수식어 표현(부사)	(형용사)
Fairly, considerably, reasonably, quite, moderately, relatively, decently, adequately, passably, tolerably, more or less, sort of	Considerable, reasonable, moderate
강도를 크게 낮춰 주는 수식어 표현(부사)	**(형용사)**
Merely, barely	Mere, weak

　* 형용사를 부사로 변형하는 것은 접미사 -ly를 추가해 줌으로써 가능
합니다.

예문

- "Obesity rate in Korea has increased **greatly**(한국의 비만율이 늘었는데 **큰 폭으로** 늘었다)."
- "The GDP grew **significantly** over the past decade(경제 규모가 지난 10년 동안 늘었는데 **상당하게** 늘었다)."
- "I love my district legislator **very much**(나는 내 지역구 의원을 좋아하는데 **굉장히** 좋아한다)."

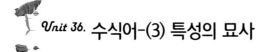

Unit 36. 수식어-(3) 특성의 묘사

'Identifier(특정 수식어)'는 주인공이나 대상 또는 행위의 영구적 특성성질·상태 등을 구체적이고 선명하게 특정해 줍니다. 또는 주어진 맥락에서 화자가 해당 주인공이나 대상 또는 행위에 대해서 어떠한 태도를 가졌는지 설명합니다.

여기서 말하는 특성이란 예컨대 그 도깨비가 빨간 도깨비인지, 파란 도깨비인지 그리고 그 도깨비가 입고 있는 팬티는 얼마나 튼튼한지, 최소한 5,000년 동안을 입을 수 있을 정도인지 등을 의미합니다.

어떻게 보면 determiner(한정사)와 비슷한 기능을 수행하지만, 훨씬 다채롭고 의미가 깊습니다.

주인공이나 대상을 수식하는 형용사와 행위를 특정하고 선택하는 부사들 모두 'identifier'의 역할을 수행합니다.

'특성'이란 유형이 워낙 방대해서 쉽게 정리하기 힘듭니다. 언어는 세상의 일부분을 표현하고, 세상은 넓고 다양하기 때문이죠. 알맞은 부사나 형용사를 상황에 맞게 구사해야 합니다. 이 책의 1부에서 정리한 단어 학습법으로 영단어를 많이 꿰뚫고 계셔야 합니다.

그러나 흔히 특성을 얘기할 때 자주 나타나는 유형들이 있습니다.

1) 특수성
particular, certain, specific, very, original, unique, in particular, to be specific, particularly, specifically.

2) 유사성
same, similar, similar, also, too, even.

3) 차이성

other, another, different, alternative, differently, alternatively.

4) 친숙성

familiar, famous.

5) 빈도 및 가능성

빈도 및 가능성	부사	형용사
100%	Always	Certain
95%	Nearly always, almost always, virtually	Nearly certain, almost certain
90%	Usually, normally, regularly, typically, generally	Usual, normal, regular, typical, general
75%	Often, frequently, probably	Frequent, probable
50%	Sometimes	
40%	Occasionally, possibly, potentially	Occasional, possible, potential
25%	Rarely, seldom	Rare
10%	Hardly ever, scarcely ever, almost never	Very rare
0%	Never	Nonexistent

머리 아프시죠? 이 표는 부담 갖지 마시고 그냥 참조만 하시면 됩니다.

사실 우리가 알고 있는 대부분의 형용사와 부사가 identifier(특정 수식이) 카테고리에 속합니다.

dramatic(극적인)⋯, criminal(범죄의)⋯, medical(의학의)⋯, rich(부유한, 풍부한)⋯, clearly(명확하게)⋯, quickly(빠르게) ⋯, intentionally(의도적으로)⋯, politically(정치적으로) 등이 그러합니다.

예문

- "We thought **carefully** about the situation(우리는 상황을 **심각하게** 생각하였다)."
- "He looked at me **suspiciously**(그는 **의심스러운** 시선으로 나를 보았다)."
- "The officer lived **frugally** after retirement(장교는 은퇴하고 **검소하게** 살았다)."
- "Please speak as **clearly** as you can(최대한 **명확하게** 말하세요)."
- "Our guest didn't stay **long**(손님들이 **오래** 머물지 않았습니다)."
- "The government provides **enough financial** support for the project(정부는 그 프로젝트에 대하여 **충분한 재정** 지원을 제공하고 있습니다)."

Unit 37. 수식어-(4) 상·하위 개념

Classifier(상위·하위 개념을 통한 특성에 대한 묘사/계층 수식어)는 주인공이나 대상이 어떤 집합이나 부류에 속하는지 그 속성을 더 상세하게 표현합니다.

즉, 어떤 유형인지에 대한 답을 제시합니다.

예문

- "Brian used to play **computer** games every day(게임 중에서도 **컴퓨터** 게임. 컴퓨터 게임은 전체 게임의 부분 집합입니다)."
- "Computer Science is now popular among <u>female</u> undergraduates(학부생 중에서도 **여학생들을** 가르칩니다)."

Unit 38. 수식어-(5) 비교급과 최상급

Comparison은 비교급 또는 최상급으로 주인공이나 대상에 대한 우위 또는 서열을 표현합니다.

비교급과 최상급을 수식어 범주로 담을 때 비교급과 최상급의 기능과 역할이 분명해집니다. 또한, 한결 쉽게 비교급과 최상급을 표현하고 구사할 수 있습니다.

구체적인 수식어로서 비교급과 최상급 예문을 들어 봅시다.

"We will explain how to make the whole process **more** productive(전체 과정이 더욱더 생산적으로 되도록 설명하여 드리겠습니다)."

"You should take **more** control of what is going on inside the group(그룹 내부에서 진행되는 일들에 대해서 더욱 통제를 가해야 합니다)."

"One of the **best** ways to come up with new ideas is to mix different perspectives among members(새로운 아이디어를 이끌어내는 가장 효율적인 방법 중 하나가 구성원들 간의 다양한 관점을 서로 섞는 것입니다)."

"Students were **more** skeptical(학생들이 더 회의적이었습니다)."

"**More than a decade earlier**, the local government started to develop the area(10년 이전부터 그 지방 정부는 그 지역 개발에 착수하였습니다)."

독자의 내면의 소리: '수식어들의 종류를 암기할 필요는 없겠지? 그냥 자연스럽게 숙달하면 안 될까? 내가 게으른 걸까?'

Chapter 6.

문장과 문장을 이어주는 연결어

Unit 39. 연결어, 문장과 문장을 이어주는 가교

연결어 'Connector(**접속사**라고도 합니다)'는 문장(clause)과 문장(clause)을 연결해 주는 필수적인 고리입니다.

그 원리를 이해하자면, 하나의 완성된 생각은 '단독 문장'이라고 보면 됩니다. 영어로 'independent clause(주절)'라고도 번역하지만, 핵심은 그게 아닙니다. 단독으로도 문장이 성립되는 완성된 생각이라는 사실이 중요합니다.

그 자체로는 불완전하지만, 단독 문장에 덧붙이는 생각은 '보조 문장'이라고 합시다. 영어로는 'dependent clause(종속절)'라고도 합니다.

연결어(Connector)는 단독 문장과 단독 문장을, 또는 보조 문장과 단독 문장을 연결해 줍니다. 이렇게 서로 연결해 주는 연결어는 총 3가지 종류가 있습니다.

1) 동등 연결어(Coordinating)

총 7개입니다. 한 개의 완성된 표현에 또 다른 완성된 표현을 결합시킵니다. 여기서 핵심은 연결어 좌우로 두 개의 표현이 동등하게 완결되었다는 것입니다.

For, and, nor, but, or, yet, so.

예문

- "I hate him **and** he hates me too(저는 그가 싫고 그도 저를 싫어합니다)."
- "I had a toothache, **so** I went to the dentist(저는 치통이 있었고, 그래서 의사에게 찾아갔습니다)."

독자의 내면의 소리: "기존 문법책의 등위 접속사인 것 같네! 기억이 난다. 첫 글자를 따면 'FANBOYS'가 되네! 외우기 쉬운걸?"

2) 짝짓기 연결어(Correlative)

총 5개입니다. 완성된 표현이든, 불완전한 표현이든 비슷한 가중치를 가진 표현들을 결합시킵니다. 즉, 두 개 이상의 단어가 짝을 이루어 함께 쓰이는 연결어들입니다.

both/and, either/or, neither/nor, not only/but, whether/or.

- "I want **either** the steak **or** the pasta(나는 스테이크 아니면 파스타를 먹을래)."
- "I can't decide **whether or** not to accept the offer(나는 제안을 받아들일지 말아야 할지 결정을 못 하겠어)."

독자의 내면의 소리: '상관 접속사?'

3) 보조 연결어(Subordinating)

한 개의 완성된 표현에 생각을 덧붙임으로써 원래의 표현을 더 구체화시킵니다. 보조 문장이 단독 문장에 의미를 더한다는 느낌입니다.

독자의 내면의 소리: '이것은 종속 접속사'

보조 연결어들은 무수히 많지만, 주요 접속사만 외워봅시다. 알파벳으로 정리된 아래의 목록만 숙지합니다.

A: after, although, as, as if, as long as, as much as, as soon as, as though.

B: because, before, by the time.

E: even if, even though.

I: if, in order that, in case.

L: lest.

O: once, only if.

P: provided that.

S: since, so that.

T: than, that, though, till.

U: unless, until.

W: when, whenever, where, while, whom.

'기존의 등위 접속사, 상관 접속사, 그리고 종속 접속사
는 너무 헷갈리고 마치 외계어처럼 들렸는데… 문법 용
어를 나만의 방식으로 해석하니 더욱더 간단하고 쉽네.
그래, 공부는 내 머리로 하는 거야!'

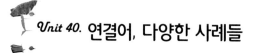

Unit 40. 연결어, 다양한 사례들

이제 연결어들(connector)의 활용 사례를 봅시다.

긴 문장은 특별한 문장이 아니라 단문들을 서로 결합한 것입니다.

단어와 단어가 연결되면서 단문을 완성하고 단문과 단문이 연결되면서 시너지를 발휘하면서 더욱더 많은 정보를 제공하는 완결된 문장이 완성됩니다.

이렇듯 아무리 복잡한 문장도 시작은 단문에서 출발합니다.

첫째, 단독 문장과 단독 문장을 연결하는 사례를 봅시다.

"**I love my dad**(단독 문장) and **he loves me too**(단독 문장)."
– "나는 아빠를 사랑하고 그도 나를 사랑해요."

둘째, 보조 문장과 단독 문장을 연결하는 사례를 봅시다.

"**If you give up love**(보조 문장), then **the rest of your life will be miserable** (단독 문장)."

- "사랑을 포기하면, 당신의 여생이 비참해질 것입니다."

Unit 41. 연결어-추가, 유사, 강조

   연결어는 단문에 부가 정보를 넣거나, 유사성을 제시하거나 혹은 강조하거나 친절하게 설명하고 나열할 때 활용됩니다.

   어떻게 활용되는지에 대하여 아래와 같이 정리하였습니다.

Addition(증가, 추가)	and, in addition, furthermore, moreover
Similarity(유사, 비교)	similarly, also, too, like, as, just like, just as
Reinforcement(강조)	besides, indeed, after all
Explanation(설명)	for example, for instance, in other words, that is to say, in that
Enumeration(나열)	first, second, firstly, first of all, lastly, for one thing, in the first place, to begin with, next, in sum, to conclude, in a nutshell
Result(결과)	therefore, consequently, as a result, so, then, because, since, provided that
Time(시간)	meanwhile, later, afterwards, before, since, until, till, once, when, whenever
Negation(부정)	however, nevertheless, on the other hand, in contrast, in contrast to, though, alternatively, even so, yet, but, although, whereas, while

Chapter 7.

'영어' 하면
삼각형을 떠올리라고?

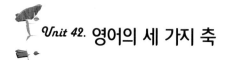

Unit 42. 영어의 세 가지 축

앞서 영어 스피치에서 보았듯이, 영어에는 세 가지 축이 있습니다.

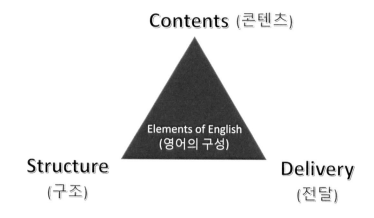

기억나시나요? 다시 한번 정리하고 필요한 것들만 추가하겠습니다.

첫 번째는 바로 상대방에게 전달하고자 하는 메시지인 '콘텐츠(Contents)'입니다.

두 번째는 '구조(Structure)'로서 '나의 콘텐츠를 어떻게 논리적으로 배치하고 정리할 것인가'입니다.

세 번째는 '전달(Delivery)'로서 '콘텐츠를 어떻게 포장해서 청중들에게 전달할 것인가'입니다.

이 세 가지 축은 여러분들이 영어를 통해서 무엇인가를 표현할 때 특히 중요합니다.

상대방에게 전달할 메시지가 애당초 없다면, 콘텐츠를 어떻게 배치할 것인지, 어떻게 포장할 것인지에 대한 걱정도 필요 없을 것입니다.

세 가지 요소 간의 균형을 제대로 잡아야 합니다.

콘텐츠는 정말 알차지만 전달 방식(delivery)이 너무 무미건조하면 사람들이 집중하지 못합니다. 또한, 콘텐츠와 전달방식(delivery) 둘 다 우수한데 전개가 모호하고 앞뒤 흐름을 파악하기 힘들면 그것도 좋은 표현이 아니고 당연히 좋은 영어가 아닙니다.

Unit 43. 기관총식 전달법

콘텐츠의 중요성에 대해서는 이미 충분히 공감하실 것이기 때문에 어떻게 전달(Delivery)할 것인가부터 이어서 설명해 드리겠습니다.

영어로 말하거나 쓸 때는 기관총을 발사하는 기분으로 표현합니다.

길고 복잡한 문장이 아니라 짧고 간결한 문장을 연이어 가면서 메시지를 전달하는 방식입니다.

이렇게 하면 우물쭈물하거나 더는 더듬지 않게 됩니다.
우리는 영어로 말할 때 스스로가 답답하다고 느끼면 적지 않은 좌절을 경험합니다.

짧고 간결한 단문으로 구성된 총알을 쉼 없이 발사한다고 생각하세요.
'다-다-다-다-다' 소리를 내면서 말입니다.

다시금 강조합니다. 짧고 간결한 단문을 쏟아내는 데 주력하여야 합니다.

비슷한 의미로 영어에 이런 표현이 있습니다. "What a motor-mouth!" 입에 모터를 단 것처럼 말이 많고 시끄럽다는 겁니다.

이렇게 모터를 달아야 대화의 흐름이 안 끊기고 유창하게 자기표현을 할 수 있습니다.

예를 들어, 한 인터넷 회사의 2018년 성과를 소개하려 합니다.

단 한 줄의 문장들로만 구성된 소개입니다.

"The **firm's** performance in 2018 was stellar(2018년에 그 회사는 빛나는 성과를 거두었습니다)."

"Look at the financial statements of the **firm**(그 회사의 재무제표를 살펴봅시다)."

"You can find the **firm's** outstanding performance(뛰어난 성과를 발견할 수 있습니다)."

"The **firm's** profit margin was at record high(그 회사의 영업 이익은 가장 높은 수준이었습니다)."

복문(複文)을 전혀 사용하지 않고 단문들로만 그 회사의 운영 성과에 대하여 설명하였습니다. 'firm'이라는 동일한 주제를 놓고 주인공으로서, 대상으로서 부각해 줍니다.

모든 문장은 짧습니다. 길고 장황한 문장보다는 문장당 10개 미만의 단어로 구사하시면 됩니다.

독자의 내면의 소리: '복문은 어지러워요. 단문이 좋아요!'

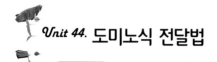

Unit 44. 도미노식 전달법

　도미노처럼 하나의 문장을 다음 문장을 터뜨리고 이어서 또 다른 문장을 터뜨리는 과정을 연상해서도 좋습니다.

　그러니까 한 문장을 쏟아낸 후, 다음 문장은 이전의 문장에 기초해서 쏟아내야 합니다. 한 가지 문장을 쏟아내면 다음 문장은 이전 문장에 담긴 정보를 이어받아서 쏟아내도록 합니다.

　다음 두 문장을 살펴보세요.

"Life presents us with many **obstacles**(삶은 우리에게 많은 장애물을 줍니다)."
"But **obstacles** train us to be stronger(그러나 장애물로 하여금 우리를 단련시킵니다)."

　'Life presents us with many obstacles'에서 'many obstacles'를 받아 이를 주어로 하여 또 하나의 문장을 끌어내었습니다.

이런 방식으로 전 문장의 중요한 부분(대상이나 액셀)을 다음 문장에서 받으면서 오래된 정보와 새로운 정보를 함께 제공합니다.

그러나 새로운 문장으로 연결하면서 신선한 정보가 제시됩니다.

짧고 간결한 문장을 이어 가면서 새로운 정보를 공급하는 과정을 지속합니다.

다음 예문을 살펴보겠습니다.

"The CEO's decision should be made from an **overall perspective**(최고 경영자의 결단은 대국적인 시각으로부터 비롯되어야 합니다)."

"**Overall perspective** means not being limited to narrow ideas(대국적인 시각이란 좁은 생각들로 한정된 것이 아닙니다)."

"**A narrow perspective** can trigger the firm's failure(보다 좁아진 시각은 기업의 도산으로까지 이어집니다)."

이런 것이 바로 도미노식 전달법입니다. 한 문장의 정보를 버리지 않고 다음 문장으로도 이어주는 게 핵심입니다. 다섯 문장을 연이어 말할 때 각기 완전히 다른 문장을 구사하는 것은 원어민도 어려워하는 일입니다. 계속 새로운 문장들만 구사하려면 막히기 마련입니다.

조금 전에 뱉었던 비슷한 단어들과 비슷한 의미를 그대로 가져가면서 새로운 정보를 추가해 준다는 프레임으로 생각하세요.

Unit 45. 완벽주의에서 벗어나는 자기표현

첫째, 표현은 간결하지만 제공되는 정보만 충분하면 됩니다. 완벽주의에서 벗어날 때입니다.

간결한 표현들을 기관총으로 발사하듯이 연속해서 꺼내면 됩니다. 이 정도만 해내도 충분합니다.

영어를 꼭 한 문장, 한 문장 또박또박 조리 있게 말해야 한다는 강박감을 이제는 버려야 합니다.

완벽을 추구하다가 오히려 말문이 막힙니다.

짧게 끊어서 막 발사하는 사람이 완벽한 영어를 한 문장씩 구사하는 사람보다 훨씬 빨리 달려갈 수 있습니다.

예컨대, 나는 배가 고프다면, "I am hungry!"라고 명확하게 표현합니다.

그러나 같은 메시지를 전달하는 방식은 여러 가지가 있을 수 있습니다.

배고프다는 메시지를 "I am starving!" 또는 "I want more food!"라고 표현할 수도 있습니다.

그러나 제공되는 정보만 명확하면 어떤 표현을 골라도 만사형통입니다. 그래서 일단 "I am hungry."라고 표현해도 딱히 문제는 없습니다!

둘째, 속도가 중요합니다. 지루하지 않도록 합니다.

그리고 여기서 문장의 속도란, 흐름을 원활하게 만들어 줄 때 생깁니다.

반드시 접속사를 많이 남용한다고 해서 흐름(flow)이나 전개(transition)를 살리는 것은 아닙니다. Because, Since 등이 중요한 것이 아닙니다.

다음 예문들을 보겠습니다.

1) 예문 1

"We have always had lots of ideas(우리는 아이디어가 항상 많았어요)."

"We always spent time talking about them(아이디어에 대하여 논의하는 데 많은 시간을 보냈어요)."

"But we failed to come up with tangible products(그런데 구체적인 제품으로 만드는 데는 실패하였습니다)."

"Why did we fail(왜 실패하였을까요)?"

"It's because we didn't tackle it step by step(단계를 밟아 가며 그 문제를 다루지 않았기 때문입니다)."

"Start with small goals(작은 목표에서부터 시작하세요)."

"You must achieve one small goal at a time(한 번에 하나씩 성취해야 합니다)."

"Then you move onto slightly bigger goals(그다음에 좀 더 큰 목표로 나아갑니다)."

"This gives you a stepping stone to go forward(이처럼 조금 더 큰 목표는 앞으로 더 나아갈 초석을 제공합니다)."

'음, 짧은 문장을 접속사 없이 나열했는데도 흐름이 막히지 않고 경쾌한 느낌이 나는군. 푸하하…! 나도 이제 제법 전문가 같지 않아?'

2) 예문 2

"We are incredibly passionate about our vision(우리는 추구하는 비전에 대해 무척 열정적입니다)."

"We tried everything(모든 걸 다 해 보았어요)."

"We wanted to feel real(진정 느끼고 싶었거든요)."

"We had to shake things up(크게 흔들고 싶었어요)."

"We brought together different perspectives(서로 다른 관점들을 가져왔습니다)."

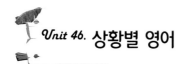

Unit 46. 상황별 영어

효과적인 전달(delivery)을 위해서는 '긴급 사태 대책(contingency plan)'이 있어야 합니다.

이러한 긴급 사태 대책에서 상황별로 자주 쓰이는 표현들을 꺼냅니다.

'Contingencies plan'은 발생 가능한 상황에 대비하는 행위인데, **상황에 맞게 전략적으로 이야기할 수 있어야 한다는 것입니다.** 그리고 공격을 받아도 다시 반격할 수 있어야 함을 의미합니다.

독자의 내면의 소리: '용어가 어렵지만, 응급 조치라고 생각하면 될까?'

바로 당신의 재차 반격(second-strike) 능력(한 방 얻어맞지만 무너지지 않고 반격하는 능력)을 영어로 보여 주세요.

주눅 들거나 얼어서(froze up) 포기하지 않고 반격하는 사례를 다음의 글을 통해서 보여 드리겠습니다.

Guest: Hi, I reserved for 7PM for three people, Brian(브라이언 이름으로 저녁 7시에 예약했습니다).

Staff: Okay, let's see…. well, Brian, when did you call us for reservation(브라이언. 언제 예약 전화하셨죠)?

Guest: Last night(어젯밤입니다).

Staff: Okay…. well it seems like the reservation didn't go through. You will have to wait about an hour(예약이 안 되어 있는 것 같습니다. 1시간을 기다리셔야 합니다).

Guest: But I called last night. They gave me the confirmation(어젯밤에 예약했고요. 당신들이 확인했습니다).

Staff: Well, I'm sorry. Records do not indicate you have reserved(죄송합니다만, 예약한 기록이 없습니다).

대다수의 한국인은 여기서 주눅 들거나 얼어서(froze up) 포기합니다. 표현을 못 하니 답답하고 화만 잔뜩 나죠.

그러나 이때, 다음과 같이 재차 반격(second-strike)을 시도합니다.

Guest: That must be a mistake. Here, you can look at my call history(잘못된 것입니다. 나의 통화 내역을 보세요).

Staff: Oops, we're so sorry Brian. There must have been a mistake. Let me speak with the manager(아아, 죄송합니다. 실수가 있었네요. 매니저에게 이야기하겠습니다).

Guest: You guys need to keep better track of these things(당신들은 이런 기록들을 잘 정리해 놓을 필요가 있겠네요).

'와우, 핵사이다!'

Staff: To make up for our mistake, we are offering a free coupon for any of our pasta menus the next time you visit us(다음에 방문하실 때 사용할 수 있는 파스타 쿠폰을 드립니다).

공짜 파스타 쿠폰이라도 얻었으니 이로써 당신은 목적을 달성한 것입니다.

외국인이라는 사실을 알 경우, 원어민들은 절대로 가혹한 잣대를 들이대고 평가하려고 기를 쓰지 않습니다.

어쩌면 우리나라와 정반대의 상황인데, 한국에서는 외국인이 한국어를 사용하면 발음과 문법 단어 선택 하나하나 유심히 귀 기울여서 문제점을 속으로 지적하기도 합니다.

그러나 다양한 집단과 문화가 공존하는 미국에서는 애당초 일상에서 만나는 모든 사람이 영어를 구사한다고 생각하지 않습니다. 여러분들이 생각하시는 것보다 외국인의 자국어 사용에 훨씬 관대해서 가벼운 실수는 신경도 안 씁니다.

다시 말하지만, 모든 걸 정확히 구사하려는 완벽주의를 포기하세요.

글이나 말을 너무 잘 표현하려는 강박증에서 벗어납시다. 굳이 멋있게 보이려고 애쓰지 마세요. 상대방은 말하는 사람이 얼마나 근사한 표현을 쓰는지에 대해 그렇게 큰 관심이 없습니다. 주어진 상황에서 상대방에게 내가 전달하고자 하는 정보 또는 상대방이 원하는 정보를 명확하게 전달하면 됩니다.

예를 들어, 해외에서 열리는 회의에 가서 전달하고자 하는 분명한 콘텐츠만 있으면 영어를 좀 버벅거려도 외국인들이 자기들의 필요에 의해서 주의 깊게 듣습니다.
말하는 이의 콘텐츠가 중요한 것이지, 발음이 얼마나 원어민 발음과 흡사한지가 결정적이지는 않습니다.

오히려 콘텐츠가 많은 사람은 콘텐츠 그 자체로 자신감이 넘쳐나서 쉴 새 없이 말할 수 있습니다. 그렇게 영어를 구사하면 더욱 자신감이 생길 것이고, 선순환이 시작됩니다.

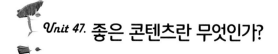

Unit 47. 좋은 콘텐츠란 무엇인가?

한마디로 말하면 콘텐츠는 '상대방에게 전달하고자 하는 메시지'입니다.

"우리는 이미 팀을 꾸려서 부동산 계약서를 처리할 것이다."라는 메시지를 전달하려면, 영어로 이렇게 표현할 수 있습니다.

"We have already organized a team to handle the real estate contract."

이처럼 전달하고자 하는 메시지는 생생하고 명확해야 합니다.

전달할 내용이 스스로 정리가 되지 않은 상태에서 외국어로 의사를 표현하기는 매우 어렵습니다.

"We started our business in January 2019 and it was incredibly exciting(우리는 2019년도 1월에 비즈니스를 시작했고 그 일은 매우 신나는 일이었습니다)."

그렇다면 콘텐츠를 과연 어떻게 표현해야 할까요?

좋은 콘텐츠는 바로 직접적이고(direct), 간결하며(simple), 절박하게 (urgent) 표현된 콘텐츠입니다.

첫째, 에둘러서 간접적으로 이야기하지 말고 직접적(direct)인 표현을 추구합니다.

"Money supports life(돈은 인생을 가능케 합니다)."

우회하거나 모호하게 표현하지 마세요.
강렬하고(powerful), 명확한(clear) 단어들을 선택하고 배합합니다.

간결하고 절박한 표현은 사람들의 본능을 자극합니다.
그러면 이야기의 상대방은 흥미를 느끼고 반응합니다.
서로 간의 공감대가 조성됩니다.

"Share your life goals with your friends(당신의 인생 목표들을 친구들과 나눠보세요)."
"Build a community to spread your ideas(하나의 커뮤니티를 조성하여 여러분의 아이디어들을 퍼트리세요)!"

둘째, 간결한 표현(simplicity)을 사용합니다.

나의 아이디어를 짧고 간결하게 상대방에게 전달합니다.

한 문장은 가능한 한 10개 이내의 단어로만 구성합니다.
긴 문장을 만들어 내기도 어렵고 그럴 만한 이유도 없습니다.

> 독자의 내면의 소리: '좋아, 좋아!'

멋있는 영어에 집착하지 않습니다.
그 대신에 전달하고자 하는 메시지를 단단하게 채우는 데 힘씁니다.

셋째, 메시지를 절박하게 표현합니다.

우리는 절박한 메시지에 즉각적으로 반응합니다.
우리의 맥박(pulse)이 힘차게 뛰어야 합니다.
가슴에서 맥박이 뛰기 시작하면서 박동이 넘치면 이미 훌륭한 콘텐츠입니다. 우리의 몸이 먼저 반응하면서 눈동자가 커지고 심장 박동이 요동치면서 머릿속에서 장면이 연출됩니다.

독자의 내면의 소리: '멋진 문장이군!'

간결하고 힘이 넘치면서 절박하며 박자가 빠른(urgency) 글에서 우리는
배울 수 있습니다.

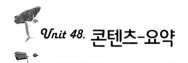

Unit 48. 콘텐츠-요약

마지막으로 한 번만 더 요약하자면, 우리가 추구해야 할 영어의 표현법은 다음과 같이 정의될 수 있을 것입니다.

Is it straightforward(direct)?
- 표현이 직접적인가?

Is it simplistic(clear)?
- 표현이 간결한가?

Is it powerful(intuitive)?
- 표현이 강렬한가?

다음의 예문들을 보세요. 몸이 반응하고 하나의 장면이 눈앞에 떠오르나요? 직접적이고 간결하며 절박하게 표현되어 있나요?

"I get it(알아요).

We've barely recovered from the traumas of the 97' financial crisis(우리는 97년 외환 위기의 트라우마에서 아직도 허둥거리죠).

The scars run deep(상처의 골은 깊습니다).

Millennials have seen their parents stumble and suffer, slip down the ladder, fruitlessly drinking away their sorrows. They don't want history to repeat(밀레니얼 세대는 부모 세대가 무너지고 고통받으며, 계층의 사다리에서 미끄러지며 술로 슬픔을 치유하는 걸 목격했죠. 그들은 역사가 되풀이되길 바라지 않습니다)."

'슬픈 감정들이 쏠리는 걸 ㅠㅠ'

추상적이든, 구체적이든 하나의 아이디어나 그림을 떠올리는 것이기 때문에 더 빨리 명확하게 이미지를 떠올릴 수 있으면 그건 훌륭한 표현입니다. 하나의 이미지(imagery)를 연상시킬 수 있어야 합니다.

복잡하고 메시지가 없는 글에서는 배우기도 어렵고 배울 것도 없습니다. 구조는 단순하면서 메시지가 분명하고 적합한 단어를 배치할 때 힘이 넘치는 글이 됩니다.

이런 글들이야말로 머릿속에서 재생이 가능합니다.

이런 글들은 스피치의 대가들의 명문장에서 쉽게 찾을 수 있습니다. 버락 오바마 전 미국 대통령이 2004년 민주당 전당대회에서 한 연설의 일부입니다.

> There's not a liberal America and a conservative America; there's the United States of America. There's not a black America and white America and Latino America and Asian America; there's the United States of America(진보의 미국도, 보수의 미국도 아닙니다. 미합중국이 있을 뿐입니다. 흑인의 미국도, 백인의 미국도, 라티노의 미국도, 아시아인의 미국도 아닙니다. 우리에겐 성조기 아래에서 모두 하나로 뭉친 미합중국이 있을 뿐입니다).

표현들의 의미가 일차적이고 매우 명확하지 않은가요?

또 다른 예를 들어볼까요? 지금은 타계한 애플의 창립자 스티브 잡스는 2005년에 스탠퍼드 대학교 졸업식 연사로 나서게 됩니다. 그가 했던 연설의 일부입니다.

Your time is limited, so don't waste it living someone else's life. Don't be trapped by dogma - which is living with the results of other people's thinking(여러분의 인생은 영원하지 않습니다. 그러니 다른 사람의 삶을 사느라 시간을 허비하지 않기를 바랍니다. 다른 사람들이 생각하는 대로 살아야 한다는 도그마에 얽매이지 마십시오).

어떠신가요?

우리의 목표는 명확합니다. 쉽고 임팩트 있는 문장들을 배우고 그렇게 표현하는 것입니다.

어렵고 섬세한 표현들은 나중으로 미루고 짧고 분명한 표현에 숙달될 때까지 기다려야 합니다.

맺음말

이로써 책을 마무리합니다.

미래는 두 가지 미래가 있다고 했습니다. 닥쳐오는 미래와 내가 만들어 나가는 미래가 있죠. 내 의지와 상관없이 닥쳐오는 미래는 끔찍합니다. 그러나 우리가 스스로 창출해 가는 미래는 생각만 해도 두근거립니다.

그런 의미에서 한 구절을 공유합니다.
"The future is ours to create!"

우리 모두 주인의식을 가지고 영어를 공부해 봅시다.

영어 공부를 단지 하나의 시험 과목이나 스트레스 유발 원인으로 봐서는 안 됩니다. 그것은 영어 공부의 본질을 흐리는 것입니다.

오히려 스트레스를 해소하면서 나의 미래를 창출해 나가는 데 중요한 언어가 되었으면 좋겠습니다.

또한, 영어 때문에 자신의 역량을 마음껏 발휘하지 못하는 일은 없길 바랍니다. 영어를 극복해서 전 세계 각지를 누비고, 새로운 사람들과 소통하며, 상상에만 그쳤던 아름다운 목표들을 이루신다면 얼마나 행복할까요.
여러분을 진심으로 응원합니다.

마지막으로 제가 존경하는 멘토님의 정성 어린 감수와 박세리 계장님을 포함한 영어 동호회 회원분들의 열렬한 지지에 감사의 말씀을 표합니다.

참고 문헌 및 웹사이트 링크

1) Oxford Collocations Dictionary, Oxford Learner's Dictionaries, Oxford University Press.

2) "Updates to the OED", Oxford English Dictionary.

3) 로버트 파우저, 『외국어 전파담』, 혜화1117, 2017.

4) Brieger, Nick&Sweeney, Simon, 『Intermediate Business Grammar&Practice, Collins English for Business』, 2011.

5) 문용, 『고급 영문법 해설』, 지학사, 1987.

6) Downing and Locke, 『British Academic Written English』, 2002.

7) "Determiners", Cambridge Dictionary.

8) Max Loach, "The Evolution of the English Language", Omniglot.

9) Jason English, "83 Old Slang Phrases We Should Bring Back", Mental Floss.

10) Wells, Stuart, 『Choosing the Future』, 1997.

11) Mark Kim, "최고 사용빈도 영어 의미구 빅테이터 분석", Medium.

12) Eker, T. Harv, 『Secrets of the Millionaire Mind』, 2005.

13) Geoffrey Leech, Marianne Hundt, Christian Mair, and Nicholas Smith, 『Change in Contemporary English: A Grammatical Study』, Cambridge University Press, 2012.

14) "List of Greek and Latin roots in English", Oakton Community College.

15) Segal, Troy. "How interest rates affect property values," Investopedia.

16) Leibovich, Mark, "The Speech That Made Obama", The New York Times.

17) "Steve Jobs Quotes", BrainyQuote.

18) Davies, Mark, 『The Corpus of Contemporary American English (COCA)』, Word Frequency, 2008-.